L.n.²⁷ 19857.

NOTICE
SUR LE MARQUIS DE TURBILLY,
Agronôme angevin du XVIII° siècle,
Par M. GUILLORY aîné,

Membre de la Légion-d'Honneur, Président de la Société industrielle d'Angers et du département de Maine et Loire; membre honoraire de la classe d'agriculture de Genève, de la Société d'horticulture de Mayence, de celles d'agriculture de Carlsrhue et de statistique de Marseille ; correspondant de l'Académie agraire de Turin ; de la Chambre d'agriculture et de commerce de Chambéry ; des Académies Toscanes des Géorgiphiles de Florence, des sciences d'Arezzo, San-Miniato, Pitigliano, Valdarnèse del Poggio, et d'encouragement du Val d'Elsa di Colle; de l'Académie napolitaine des sciences de Tropea ; de la Société médico-botanique de Londres, de celle d'économie rurale de la Martinique.

Membre correspondant de la Société nationale et centrale d'agriculture de Paris; des Académies des sciences et arts de Dijon et Rheims ; des Sociétés linnéennes de Bordeaux et Lyon, de celles industrielle de Mulhouse et d'émulation d'Abbeville; des Sociétés d'agriculture de Lyon, Rouen, Montpellier, Caen, Dijon, Évreux, Nîmes, Moulins, la Rochelle, Foix, Aurillac; de celle d'horticulture-pratique du Rhône, etc.

Ancien adjoint au maire de la ville d'Angers; ancien membre de la chambre consultative des manufactures, et ancien juge au tribunal de commerce de l'arrondissement d'Angers; secrétaire-général de la 11° session (Angers) et vice-président de la 12° session (Nîmes) du Congrès scientifique de France ; président des Congrès erons français d'Angers, Bordeaux, Marseille, Lyon, et président de la section d'œnologie de celui de Dijon, etc.

> Espérons que du sein de ces nombreuses sociétés d'agriculture qui couvrent le sol de la France, une voix s'élèvera qui proposera au concours l'éloge de *Turbilly*, de ce guerrier cultivateur qui défend son pays par l'épée et l'enrichit par la charrue. N'attendons pas pour jeter quelques fleurs sur sa tombe, que la race de ses contemporains soit éteinte, et qu'il ne reste à l'historien et l'orateur que des fragments et des monuments incertains à consulter. (Préface de la *Pratique des défrichements*, 4° édition, Paris, 1811).

Messieurs,

Le 15 août 1755, jour de la fête de l'Assomption, on vit s'accomplir une solennité toute nouvelle dans la paroisse de

Volandry, située en la province d'Anjou, entre les villes de La Flèche et de Baugé, et formant aujourd'hui l'une des communes du département de Maine et Loire. Dès le matin, tout le pays semblait en rumeur. Au sortir de la messe paroissiale, les habitants en foule s'assemblèrent devant la porte de l'Eglise. Les conversations étaient fort animées; et dans tous les groupes, elles avaient pour objet les récoltes de froment et de seigle des environs et la supériorité de tel cultivateur sur tel autre. Cinq habitants notables étaient surtout l'objet de l'attention générale, et les discussions auxquelles ils prenaient part, prouvaient qu'ils s'étaient livrés à un examen approfondi et détaillé des cultures du pays. Bientôt un certain mouvement se manifesta dans la foule, que l'on vit aussitôt s'écarter avec respect. Un grand personnage s'avança : c'était, suivant le style d'alors, haut et puissant seigneur Messire Louis-François-Henri de Menon, marquis de Turbilly et autres lieux situés en la paroisse de Volandry, chevalier de l'ordre royal et militaire de St-Louis, lieutenant-colonel de cavalerie et major du régiment royal de Roussillon-cavalerie. Près de lui vinrent aussitôt se ranger les cinq notables dont nous venons de parler; et sur le rapport qu'ils firent à haute voix, on proclama les noms des deux cultivateurs qui avaient obtenu cette année, en un seul tenant de deux arpents au moins, l'un le plus beau froment, l'autre le plus beau seigle du pays. Chacun d'eux reçut alors des mains du noble marquis une médaille en argent de la grandeur et pesanteur d'un écu de six livres, qu'il était autorisé à porter toute l'année, suspendue à l'aide d'un ruban vert, à la boutonnière de son habit. Sur cette médaille étaient gravés, d'un côté les armes de la famille de Turbilly, de l'autre, une gerbe de blé, avec des faucilles, faulx et fléaux, et ces mots en exergue : *Prix d'agriculture*. Cette distinction flatteuse était accompagnée d'une somme d'argent assez importante, et conférait en outre le droit de s'asseoir pendant toute l'année dans un banc d'honneur, situé dans le chœur de l'église paroissiale de Volandry.

C'était la première fois, en France, que des encourage-

Louis-François-Henri de Menon, marquis de Turbilly, naquit le 11 août 1717, au château de Fontenaille, en la paroisse d'Ecommoy, situé dans le diocèse du Mans. Son acte de naissance, que je me suis procuré et dont je vous apporte l'extrait, Messieurs (1), relève et rectifie l'erreur commise à cet égard par le *Dictionnaire historique* de Feller, qui le fait naître en Bretagne. Ecommoy n'est situé qu'à peu de distance des anciennes limites de l'Anjou, et ce n'est que par une circonstance particulière que ce rejeton d'une ancienne famille angevine vit le jour hors du domaine de ses aïeux. Sa mère, qui se nommait Marie-Anne de Gouyn de Champiseaux, était restée veuve de bonne heure de Messire Henri-Madelon de Jacques, seigneur de la Borde, de la Grifferie, de Luché et autres lieux; lieutenant et commandant pour le roi en sa province d'Anjou. Le 22 juin 1716, elle avait épousé en secondes noces Louis-Philippe de Menon, seigneur de Turbilly (2); et de même que le mariage avait eu lieu au château de son père, Louis de Gouyn de Champiseaux, marquis de Fontenaille, la jeune épouse y revint l'année suivante faire ses premières couches près de sa mère.

Les généalogistes peuvent être consultés avec avantage en ce qui concerne les ancêtres de Turbilly. Le père Anselme en parle en divers endroits de sa *Généalogie historique de France*, et notamment (tom. IV, pag. 186 et tom. VII, pag. 503) à l'occasion des alliances qu'ils ont contractées avec les familles de la Trémouille et de Maillé de la Tour-Landry. A cet égard, l'*Armorial général* de d'Hozier (tom. IV. fam. Salmon) s'exprime à son tour en ces termes :

« .... Anne de Menon épousa, par contrat du 8 juin 1622,
» François de Salmon du Chastellier. Ce mariage le lia à ce
» qu'il y avait de plus grand dans le royaume. En effet Anne
» de Menon, du chef de Magdelaine de Maillé de la Tour-
» Landry, sa mère, avait l'honneur d'appartenir par consan-
» guinité, non seulement à la maison de Condé, ainsi qu'à

---

(1) Voir les pièces justificatives n° 1er.
(2) Voir l'acte de mariage. Pièces justificatives n° 2.

ments de ce genre étaient accordés à l'agriculture, et le marquis de Turbilly eut l'honneur de les instituer parmi nous. Grâces à lui, bien d'autres innovations utiles avaient été récemment introduites dans la contrée; depuis quinze ans environ, la face entière du pays avait changé par ses persévérants efforts. Le château de Turbilly, lorsqu'il en était devenu possesseur, était presque complétement entouré de terres incultes, dont la majeure partie restait depuis un temps immémorial en friches, landes et bruyères. Le quart à peine du sol était cultivé, encore l'était-il fort mal. Une petite rivière qui traversait le domaine, se trouvait bordée de prairies, devenues pour la plupart des marais qui ne produisaient que du jonc. Les vignes étaient ruinées, les bois ravagés par les bestiaux et le gibier. Le tiers des fermes était vacant, faute de fermiers; les habitants étaient tombés dans une telle fainéantise, qu'à peine recueillaient-ils assez de grain pour se nourrir la moitié de l'année; le reste du temps ils le passaient à mendier dans les pays circonvoisins plutôt que de se livrer au travail qui leur eût aisément fourni une honnête subsistance.

Quinze ans avaient suffi pour changer cette situation déplorable en un état florissant. A l'époque où nous avons pris cette histoire, un voyageur absent depuis quinze années eût hésité à reconnaitre ce pays. Le château de Turbilly se trouvait alors au milieu d'un ensemble assez étendu de terres parfaitement cultivées; les bâtiments du domaine étaient considérablement augmentés; de vastes granges avaient été construites pour recevoir les abandantes récoltes; une grande bergerie renfermait un nombreux troupeau de race améliorée; de belles écuries pour les chevaux; des étables pour les bœufs de labourage; d'autres étables destinées aux autres bestiaux; d'immenses greniers pour les fourrages; une basse-cour abondamment peuplée; partout un air de richesse et d'activité inconnu jadis en ces lieux.

L'aspect général des environs n'avait pas subi moins de changements heureux. De longues avenues d'ormeaux, de mûriers blancs, de châtaigniers et de peupliers surtout, conduisaient du château dans toutes les directions. La petite rivière, traversée par plusieurs ponts, avait été resserrée dans son lit, et les vastes prairies de ses bords rétablies sur une grande étendue. Les marais desséchés étaient mis en valeur. Les vignes se trouvaient en plein rapport; les bois en bon état étaient aménagés en coupes réglées. Des réservoirs, des étangs étaient disposés en divers lieux. Les chaussées et les chemins parfaitement entretenus, sillonnaient en tous sens le domaine. De toutes parts, les cultures les plus soignées étaient entourées de haies vives et de fossés, couronnées de nombreux arbres fruitiers. Dans les fermes, comme au château, l'activité, le travail, l'aisance; et, sur tous les visages, l'air de satisfaction et de bonheur qu'ils produisent toujours.

Quel était l'homme dont les soins attentifs et la volonté persévérante avaient accompli tant de merveilles? C'était, nous l'avons dit, un haut et puissant seigneur, allié, comme nous le verrons, aux premières familles du royaumes, voué de bonne heure à la carrière des armes, qui, plusieurs fois l'avaient arraché pour un temps à ses utiles entreprises. Et c'était à une époque où la naissance était le premier marchepied des faveurs; dans un temps où tout ce qui portait un nom semblait devoir être nécessairement entraîné dans l'irrésistible courant d'intrigues où se laissaient aller tant d'ambitions diverses; au moment en un mot, de la plus grande puissance de cette marquise de Pompadour, qui sut donner quelqu'éclat à ce triste règne, mais dont la vanité, allait cette même année, engager la France dans la déplorable guerre de *sept ans*, qui devait amener tant d'échecs pour notre gloire militaire.

Il faut le dire néanmoins, malgré la corruption de la Régence et ces royales débauches du *Parc aux Cerfs*, la première moitié de ce siècle avait fait beaucoup pour émanciper l'esprit français. A côté des débordements de la cour et des intrigues qui se disputaient le pouvoir, une foule d'hommes éminents travaillaient sans relâche à régénérer la société. Fontenelle avait mis la science à la portée des gens du monde; Montesquieu venait de juger d'un style hardi les mœurs, les lois et les croyances des peuples; Massillon, du haut de la chaire chrétienne, s'était efforcé de rendre son éloquence l'interprète d'une haute raison; Voltaire, Diderot, d'Alembert introduisaient partout l'esprit philosophique; et pour compléter ce travail d'affranchissement que Bayle avait si vigoureusement avancé dans les dernières années du siècle précédent, les encyclopédistes étaient à la veille d'ouvrir au monde cet immense recueil d'érudition et de science qui devait achever, en quelque sorte, la grande révolution politique et sociale que la fin de ce siècle allait voir s'accomplir.

Les économistes vinrent bientôt à leur tour, imprimer à cette époque les utiles traces de leur passage. Malgré des inductions trop exclusives et les systèmes impossibles qu'elles ont engendrés, ils n'en réussirent pas moins à fixer l'attention générale sur des questions du plus grave intérêt. Adam Smith et les Ecossais régularisèrent en quelque sorte la science de l'économie politique, où les Italiens, de leur côté, se distinguèrent par la sagacité de leurs investigations. Mais les économistes français, qui marchaint à la suite de Quesnay, et qui devaient quelques années plus tard porter Turgot au ministère, étaient déjà à cette époque les précurseurs des principes appelés bientôt à régénérer le monde.

Ce fut sans aucun doute, en suivant, loin de la corruption de la cour, le développement tout nouveau de ces hautes idées morales, que le marquis de Turbilly fut conduit à entreprendre les améliorations si profondément utiles et sages qu'il a réalisées à quelques lieues de nous. Si noble que fût son but, si élevée que fût sa pensée, si désintéressé qu'il se montrât toujours, il rencontra, comme tous les réformateurs, bien des obstacles et subit bien des critiques, que le succès fit cesser à peine. Lui-même nous a conservé l'histoire de ses travaux et de ses luttes; mais avant de vous initier, Messieurs, aux détails qu'il en donne, permettez-moi de vous soumettre le résultat des recherches auxquelles je me suis livré sur lui-même et sa famille, sur sa jeunesse jusqu'à présent inconnue, et sur les années de la fin de sa vie, dont l'obscurité nous laissera encore bien des regrets.

» beaucoup de seigneurs de maisons illustres, mais même
» au roi Louis XIV (1). »

L'arbre généalogique de la famille de Menon a été au surplus dressé vers le milieu du xviie siècle, par les soins de François-Urbain de Menon, grand père de notre héros, et qui prétendait à l'honneur de monter dans les carrosses. Cet arbre, qui prouve soixante-quatorze quartiers de noblesse, existe encore entre les mains du possesseur actuel du château de Turbilly; et parmi les familles illustres que l'on y voyait figurer pour les alliances, se trouvent celle de la Tremouille, de Rohan, de Maillé de la Tour-Landry, de Scépeaux, de Quatre-Barbes, de la Roche-Guyon, de Chaunay, etc. (2).

Il existe également encore divers titres concernant les seigneurs de Turbilly, et qui remontent à la première moitié du xive siècle. Mais les plus anciennes de ces pièces, relatives seulement aux terres et aux droits du domaine, ne désignent pas nominativement les possesseurs eux-mêmes. Le plus ancien de tous ceux qui sont nommés est Jean Dos-de-Fer, qui obtint, au mois de janvier 1464, du roi Loi XI, étant à Chinon, la permission de fortifier le château de Turbilly, ainsi que cela est relaté dans les lettres-patentes de 1750, qui érigèrent la terre en marquisat, et dont nous aurons à parler plus tard.

Jean Dos-de-Fer, le jeune, est donc la souche connue des Turbilly; ce fut lui qui, mariant sa fille Périne ou Pétronille à Jean de Menon, fit passer dans cette famille la terre et seigneurie de Turbilly (3), qui dans les siècles suivants prit une extension considérable par suite d'alliances brillantes et d'importantes acquisitions. Ainsi, pour ne parler que des contrats qui existent encore, ce fut en 1514 que la famille de Menon devint propriétaire de la terre de Chasloux, pour

(1) Voir également d'Hozier, tome ii, pag. 14, famille Vimeux de Rochambeau.

(2) Voir pièces justificatives n° 3.

(3) Des lettres de noblesse paraissent avoir été alors accordées à la famille de Menon, en 1483.

laquelle un arrêt du parlement de Paris, du 1er août 1620, maintint les seigneurs de Turbilly dans le droit de *recevoir tous les ans, le jour de la Pentecôte, des nouveaux mariés en la paroisse de Clefs, une pelote, et des nouvelles mariées un chausson, si mieux n'aiment lesdits mariés mettre quatre deniers à la boîte.* Le 4 avril 1618, fut faite également, du prince de Guéménée, l'acquisition de la terre de Launay ; et vers le même temps, celle des fief et seigneurie de Boislanfray, située en la paroisse de Pontigné, pour lesquels nous retrouvons, à la date de 1450, un aveu du seigneur de ce temps fait au roi René, en son château de Baugé, en ces termes : « De vous,
» très-excellent et puissant prince, René, par la grâce de
» Dieu, roy de Jérusalem et de Cicille, duc d'Anjou et comte
» du Maine, Jean de Boislanfray, escuyer, tient et avoue te-
» nir à foi et hommage-lige, à l'égard de votre chastel et
» chastellenie de Baugé, les choses héritaux qui s'en sui-
» vent. »

L'importance de la seigneurie de Turbilly ressort en détail au surplus de l'énumération faite par les lettres-patentes de 1750, où nous voyons qu'elle se composait à cette époque « des chastellenies, terres, fiefs et seigneuries, justices et
» jurisdictions de Turbilly, landes et perrières dudit lieu,
» Vaulandry, Mauguesvre, Grandboislanfray, Chasloux,
» Breil, Chauminard et Fauchard, Launay-Joumier, Bridier,
» la Massonnière, la Hardouinière, la Fauvelinière, la Tal-
» botière, la cour de Vaulandry, aliàs la Pouillerie, la Grange,
» la Férandière, circonstances et dépendances. »

En ce qui concerne le château lui-même, il ne reste de nos jours aucuns vestiges de l'ancien que Jean Dos-de Fer avait obtenu l'autorisation de fortifier en 1464. Celui qui existe aujourd'hui a été construit vers 1616, par François de Menon, troisième du nom, époux de Magdelaine de la Tour-Landry, dame de la Cornuaille (1). C'est un édifice lourd, massif, sans grâce ni richesse. Il n'est orné d'au-

---

(1) Consulter sur ce point une note transcrite en 1735 sur les registres des actes de baptême, etc., de la paroisse de Volandry, par M. Boizard, curé. Voir pièces justific n° 4.

cun détail architectural, et n'offre ni par sa construction, ni par sa situation même, rien qui soit digne de remarque et d'attention. Des anciennes fortifications, quatre vieilles tourelles avaient été conservées et reliées aux constructions nouvelles; l'une au midi, qui renfermait la bibliothèque, n'a été détruite qu'en 1820; une seconde en face servait de colombier et a été, vers la même époque, remplacée par des remises. Les deux autres, placées près de l'entrée, sur le bord des fossés, ont résisté jusqu'en 1834, et servaient au logement des domestiques. Le château était entouré de fossés que remplissaient les eaux de la petite rivière des Cartes qui passe à vingt mètres environ; et vers le commencement de ce siècle on voyait encore le pont levis qui donnait accès au manoir: tout cela a disparu depuis, et le seul reste des anciennes constructions qui soit encore debout est une petite chapelle, dont l'origine paraît remonter au XVe siècle. On a retrouvé des titres qui semblent établir qu'elle aurait été consacrée vers l'année 1530. Elle a 4 mètres 50 centimètres de longueur sur 3 mètres 50 de largeur, et n'offre au surplus aucun intérêt spécial.

Quant à l'état actuel des environs, nous aurons plus tard occasion d'y revenir, et ce ne sera pas sans tristesse. Disons seulement qu'au village de Turbilly, situé à un demi kilomètre à peine du château, se voit encore une maison, appelée le *Palais*, où les seigneurs du lieu faisaient exercer leur justice et juridiction; et les anciens du pays rapportent que non loin de cette maison était placé le *cep* ou *pilier à carcan*, dont parlent les lettres-patentes de 1750 et qu'elles permirent d'établir en même temps que *prisons, fourches patibulaires à quatre piliers*, dont toutefois on n'a pas gardé souvenir sur les lieux.

J'ai cru devoir, Messieurs, consigner ici tous ces détails, qui ne nous détourneront pas plus longtemps de notre sujet principal. Ils concernent indirectement un homme qui va bientôt grandir à vos yeux, je l'espère, et sont relatifs à une fraction de notre pays, que nos archéologues ont un peu négligée jusqu'à ce jour. Elle eût été digne pourtant de leurs investigations. La commune de Pontigné et quelques autres environnantes, renferment, paraît-il, des monuments druidiques du plus haut intérêt. Dans la commune de Chenu on voit encore les derniers vestiges d'une ancienne voie romaine, qui conduisait du Mans à Tours, en se dirigeant vers la Loire, au point où s'élève la pile de Cinq-Mars. La commune de Volandry elle-même possède à son tour les restes d'un cimetière gallo-romain ; et son église qui date du xie siècle, m'a-t-on assuré, mérite de fixer l'attention de nos archéologues.

J'abandonne aux habiles le soin de cet examen et de ces recherches utiles; je reviens à l'enfance de Turbilly sur laquelle, à mon grand regret, je ne possède que bien peu de renseignements. Son père, que j'ai déjà nommé, avait suivi avec quelque éclat la carrière des armes ; il avait conquis le grade de colonel d'infanterie avant la paix d'Utrech, et l'armée ayant été réduite, il se trouva faire partie des 136 colonels qui furent réformés vers cette époque (1). Il est néanmoins, en 1716, dans son acte de mariage (2), désigné comme *colonel d'un régiment de son nom*, et dans l'acte de naissance de son fils, en 1717 (3), on ajoute à cette qualité celle de *chevalier de l'ordre militaire de Saint-Louis*. Tout porte à penser qu'alors M. de Turbilly avait repris le service actif ; car dans l'acte de naissance d'un second enfant, qui lui naquit en 1720 (4), et qui ne paraît pas du reste avoir vécu longtemps, nous le voyons figurer comme *brigadier des armées du roi*, titre qui est conservé dans un acte d'un autre genre, du 31 mai 1723 (5), et plus tard encore, dans une autre pièce de 1727 (6), il est élevé au grade d'*inspecteur général d'infanterie et mestre de camp*. Ces titres lui sont conservés dans l'acte de son décès du 2 février 1737, où il est appelé *mestre et ma-*

---

(1) Etat de la France, éd. de 1718, tom. II, pag. 518.
(2) Voir pièces justificatives n° 2.
(3) Ibid., n° 1.
(4) Ibid., n° 5.
(5) Ibid., n° 6.
(6) Ibid., n° 7.

réchal de camp d'infanterie (1); et dans l'acte de mariage de son fils, du 20 mars 1749 (2), qui lui donne plus solennellement encore la dignité de *maréchal des camps et armées du roy*.

Louis XIV venait de mourir (1ᵉʳ septembre 1715) et avait laissé la France aux mains d'un roi de cinq ans et d'un régent qui devait amener quelques réformes dans les finances et d'immenses désordres dans les mœurs. La France toutefois était lasse des guerres du règne précédent; et sauf les courtes hostilités échangées en 1719, avec l'Espagne, et qu'avaient provoquées les intrigues d'Albéroni et la conspiration de Cellamare, la régence entière s'écoula dans la paix, et n'eut à lutter qu'avec des difficultés intérieures, au nombre desquelles il faut placer en première ligne le désastre de Law. Les négociations prolongées de la quadruple alliance protégèrent les premières années du règne de Louis XV; et ce ne fut qu'en 1733 que des intérêts de famille ramenèrent les troupes françaises sur les champs de bataille de l'Allemagne et de l'Italie. Cette guerre, qui dura deux ans à peine et fut terminée en 1735, par la paix de Vienne, qui assura la Lorraine à la France, ramena sans doute M. de Turbilly sous les drapeaux avec le grade considérable qu'il avait alors. Tout indique au moins que son fils dut à cette époque faire à son tour ses premières armes, car il nous est appris qu'il débuta alors avec le grade de lieutenant au régiment de Normandie, pour passer bientôt capitaine au Roussillon-cavalerie, dont il devint plus tard lieutenant-colonel.

Diverses raisons déterminèrent sans doute le jeune Turbilly à se jeter dans la carrière militaire. L'appui qu'il devait trouver dans la haute position de son père et l'illustration nobiliaire de sa famille, durent être à ses yeux une puissante considération. Nous savons d'autre part qu'il avait perdu sa mère dans sa plus tendre jeunesse; et que, malgré son âge avancé, M. de Turbilly, son père, avait cru devoir se remarier. Nous voyons en effet dans la pièce datée du 12 septem-

(1) Voir pièces justificatives, n° 8.
(2) Ibid., n° 9.

bre 1727, cité déjà par nous (1), que Madame de Turbilly était alors Elisabeth Rouiller de Beauvois. Il est permis de penser que l'introduction d'une belle-mère dans la maison paternelle put encore exercer une certaine influence sur l'éloignement du fils.

Quoiqu'il en soit des causes qui le conduisirent si jeune dans les camps, il eut au moins l'honneur de servir sous des hommes illustres ; et soit qu'il appartînt à l'armée d'Italie, où Villars vint achever brillamment sa carrière et fut remplacé bientôt par les maréchaux de Coigny et de Broglie; soit qu'il eût franchi le Rhin avec le duc de Berwick, cet autre vieux guerrier de Louis XIV, qui avait en ce moment sous ses ordres l'illustre Maurice de Saxe, alors seulement maréchal de camp; dans tous les cas, notre jeune lieutenant dut faire un brillant apprentissage, ayant d'ailleurs à combattre un des généraux les plus fameux du siècle, le prince Eugène, près duquel s'était rangé contre nous celui qui depuis fut nommé le grand Frédéric.

Cependant, au milieu même de la guerre, des idées de civilisation et de bien-être germaient incessamment dans la jeune imagination de Turbilly. Son enfance avait été témoin de tant de misères ; le domaine de sa famille était si négligé et ses habitants si pauvres, que l'aspect des contrées les plus florissantes qu'il était appelé à parcourir, le spectacle d'une agriculture habile et riche qu'il admirait à l'étranger, lui avaient inspiré la pensée des réformes qu'il devait bientôt mettre en œuvre dans son pays. Lui-même nous rend compte de ses impressions en différents endroits de ses écrits. « Un » goût naturel, nous dit-il (2), le portait à cette recherche; il » voyageait avec l'esprit de curiosité et de remarque, natu- » rel à tout amateur de l'agriculture qui veut profiter des » découvertes des différents peuples ; et il était excité par le » double motif d'être utile à sa patrie et de tirer parti des ter » res incultes qui devaient lui échoir en héritage. » Et plus loin il ajoute : « Où j'ai puisé le plus de lumières sur l'agricul-

---

(1) Pièces justificatives n° 7.
(2) Introduction à son Mémoire sur les défrichements, 2ᵉ éd. p. 19.

» ture et particulièrement sur les défrichements, ça été dans
» les pays étrangers, chez des seigneurs, dans de grosses
» abbayes, qui faisaient valoir depuis longtemps de grands
» domaines. »

Les événements le mirent en mesure de réaliser ses projets plus tôt sans doute qu'il ne devait s'y attendre lui-même : il avait vingt ans à peine, lorsque, le 2 février 1737, Louis-Philippe de Menon, son père, vint à mourir à son château de Turbilly, à l'âge de 66 ans environ. Ce fut alors que le seul rejeton de cette famille vint prendre possession de ses domaines, avec le dessein arrêté de les améliorer sans retard. Je vous ai déjà dit quelques mots, Messieurs, de l'état désolé où ces domaines se trouvaient alors ; et la description rapide que je vous en ai présentée est extraite de l'ouvrage même du marquis de Turbilly. Son père, si fier qu'il se montrât de sa noblesse, et si jaloux qu'il fût de ses prérogatives (1), ne tenait pas à honneur d'améliorer ni la culture des terres, ni le sort de ses fermiers. Notre auteur résume en ces termes la situation des choses et les motifs honorables qui déterminèrent sa conduite : « Voilà l'état
» déplorable où je trouvai alors mes terres ; le tableau n'est
» point chargé ; tous les gens du canton qui ont vu la pre-
» mière situation des choses, conviendront que je ne l'ai pas
» outré ; il était si frappant et en même temps si touchant,
» qu'il avait fait naître en moi, dès mon enfance, un goût
» particulier pour l'agriculture et les défrichements. J'avais
» lu, avec grande attention, tous les livres qui traitent de
» cette science, pris des instructions et des éclaircissements
» par moi-même sur cette matière, en mes différents voya-
» ges, tant dedans que dehors du royaume. Mes recherches à
» ce sujet n'avaient point été interrompues pendant les cam-
» pagnes de guerre que j'avais faites. Ce goût pour l'agricul-
» ture n'était nullement incompatible avec celui des armes,
» ainsi que j'en pourrais citer quantité d'exemples respec-
» tables. Dans ces circonstances, je formai la résolution

(1) Voir à ce sujet, la note déjà citée des registres de Volandry, en 1735. Pièces justificatives n° 4.

» d'exécuter chez moi les projets que ma connaissance du
» local, mon chagrin sur la malheureuse position des habi-
» tants, et mon regret de voir tirer si peu de revenu d'un si
» grand terrain, m'avaient suggérés.

» Cette entreprise était une affaire de longue haleine, ma
» fortune et le manque d'un nombre suffisant d'hommes
» dans le pays, ne me permettant pas de la finir si tôt ; je
» ne pouvais défricher qu'une certaine portion de terrain
» chaque année, ce qui devait durer bien du temps, vu l'é-
» tendue de ce que j'en avais à mettre en valeur ; de vérita-
» tables citoyens, aussi sages qu'éclairés, auxquels je com-
» muniquai mes idées, les approuvèrent, louèrent mes in-
» tentions, et m'exhortèrent fort à les mettre en pratique ;
» outre mon intérêt particulier qui en résultait évidemment,
» ils me firent sentir de quelle utilité mon entreprise pouvait
» être à la patrie, attendu le grand nombre de terres incul-
» tes qui sont en France. Cette dernière réflexion m'anima
» de plus en plus. »

Dès le mois de juin 1737, le jeune seigneur de Turbilly
commença les importants travaux de ses défrichements. Je
n'oublie point, Messieurs, que sa célébrité leur est due tout
entière ; et que c'est sous le rapport surtout de ses améliorations agronomiques que je dois le signaler. Je crois donc
devoir vous tracer ici une analyse détaillée, et toutefois
aussi rapide que possible, de la partie de ses mémoires dans
laquelle il nous raconte « ses épreuves, ses expériences,
» ses travaux, les préjugés qu'il lui a fallu combattre, les
» obstacles qu'il a eus à surmonter, tout, jusqu'aux fautes,
» nous dit-il, qu'il a commises, et aux inconvénients dans
» lesquels il est tombé. »

Le premier soin du seigneur de Turbilly fut de détruire la
mendicité et cet esprit de fainéantise, dont presque tous les
habitants du pays étaient possédés. Les habitudes, sous ce
rapport, étaient profondément enracinées, quelques-uns de
ces malheureux avaient des ânes qui n'exigeaient aucun
soin et vivaient pour rien dans les landes, et, montés sur
ces animaux, ils allaient, pendant une grande partie de

l'année, mendier jusqu'à *trente lieues de distance*, et notamment jusqu'à Chartres.

Les demi-mesures ne pouvaient rien contre de telles mœurs : M. de Turbilly annonça l'entreprise de ses défrichements, et publia que désormais il donnerait chaque année de l'ouvrage à tous ceux qui n'en auraient point chez eux, hommes, femmes, enfants au-dessus de huit ans, en leur imposant formellement la condition de ne plus demander l'aumône. Ce n'est pas tout, on dressa, par ses ordres, la liste de tous les individus hors d'état de travailler; et lorsqu'il en eut vérifié par lui-même la sincérité, il se chargea, toujours à la condition de ne plus mendier, de fournir la subsistance à ceux que ne pourrait faire vivre le travail des membres actifs de leurs familles.

C'était en 1737, Messieurs, c'est-à-dire il y a plus d'un siècle, c'était plus de cinquante ans avant qu'aucune mesure de ce genre fût prise par nos gouvernants, qu'une pareille réforme, si utile, si morale, fût réalisée près de nous par un jeune homme de vingt ans. Ce seul bienfait n'eût-il pas dû assurer sa mémoire et la préserver de l'étrange oubli dans lequel elle est tombée si promptement?...

Qu'il me soit donc permis, du moins, de rappeler ici l'expression des nobles sentiments que je retrouve à ce sujet dans son *Mémoire* (pag. 253) : « Il est surprenant, dit-il, que
» l'on souffre depuis si longtemps la quantité de gens qui
» demandent effrontément l'aumône partout, pendant que
» la plus grande partie d'entre eux se trouve en état de ga-
» gner sa vie..... L'homme étant condamné à vivre de son
» travail suivant sa profession, tous ceux qui se dispensent
» de cette loi générale demeurent à la charge des autres....
» Ils causent la misère qui va toujours en augmentant. Don-
» ner de l'occupation à tous les hommes qui n'en ont point,
» ce qui n'est pas aussi difficile qu'on peut l'imaginer ; les
» appliquer aux choses auxquelles ils sont le plus propres,
» suivant leur portée et leur goût, accorder des récompen-
» ses et des prérogatives à ceux qui se distinguent le plus ;
» attacher une sorte de honte à ceux qui restent sans rien

» faire, cè sont là les vrais moyens de bannir la paresse et
» l'oisiveté, ainsi que les suites déplorables qu'elles entraî-
» nent nécessairement. »

Avant d'avoir écrit ces nobles conseils, Turbilly avait prêché d'exemple, et le premier les avait mis en pratique. On comprend ce qu'une pareille mesure avait de portée pour changer la face d'un pays.

Dès le mois de juin, ainsi que nous l'avons dit, il commence ses travaux, et défriche d'abord un canton voisin du château. L'année suivante, il prend d'autres terres, joignant les précédentes, et se met à l'œuvre dès le mois de mars. Chaque année il s'agrandit, et bientôt il entoure le château d'une étendue déjà importante de belle culture. A chaque fois, la routine du pays se révolte, et les rumeurs publiques lui prédisent des échecs ; à chaque fois le succès vient couronner ses efforts et démentir les sinistres prédictions, sans toutefois leur imposer silence.

Il faut lire les intéressants détails qu'il donne sur ses entreprises et sur les difficultés qu'il rencontre. Ses bœufs tombent tous malades, et son plan tout entier est à la veille d'être renversé. Une contrée de ses défrichements était couverte de bruyères d'une espèce plus vigoureuse que les autres, ces bruyères résistent aux labours de la première année et détruisent une partie de ses récoltes. Mais rien ne le rebute, et l'année suivante, des travaux mieux dirigés assurent les produits. L'habitude des pâtres était d'allumer du feu dans les landes, et de nombreux incendies étaient ainsi occasionnés : il prend des mesures pour amoindrir les terribles conséquences de ces sinistres et pour anéantir cet usage dangereux.

Dès 1740, il augmente le nombre de ses bestiaux et celui de ses domestiques. Il fait avec ceux-ci, pour leurs gages et leur nourriture, des conventions avantageuses, en se basant sur les coutumes de la contrée. Il livre chaque hiver aux femmes les lins et les chanvres à filer, et leur crée ainsi une facile et fructueuse industrie.

On croyait que les moutons ne pouvaient réussir dans le

pays à cause des marais et d'une certaine herbe contraire à ces animaux : il sait détruire cette herbe, et forme un troupeau qui devient nombreux en peu de temps.

Il faut planter des arbres : il établit une pépinière qui réussit à souhait et lui donne un grand nombre d'excellents arbres fruitiers. Il forme de longues avenues de peupliers et châtaigniers dans les diverses directions du château. Il fait venir de Bruxelles un plan d'ormeaux à larges feuilles, dont le bois convient au charronnage. Il améliore et perfectionne les charrues et autres ustensiles d'agriculture. Il entoure avec soin ses champs de fossés et de haies vives. Il songe aussi à ses vignes, dont il rétablit une partie chaque année. Il dessèche également peu à peu les marais, après avoir employé un nombre considérable de bras à curer les ruisseaux et la petite rivière. Ses bois étaient ravagés par le gibier ; il fait raser et recéper les plus mauvaises parties, et les aménage successivement en coupes réglées. Les chemins anciens étaient impraticables et les chaussées détruites : chaque année il en rétablit une portion importante, et il les étend suivant les besoins de ses nouvelles exploitations.

Ces travaux cependant ne pouvaient se réaliser très vite ; M. de Turbilly n'avait que des ressources bornées et ne pouvait marcher qu'à petits pas. Mais il savait habilement régler sa marche ; chacune de ses dépenses amenait un produit nouveau et lui fournissait les moyens d'étendre encore ses entreprises. Ses revenus une fois augmentés, il les employait à de nouvelles améliorations.

Toutefois, il n'avait point abandonné la carrière des armes, et voici que tout à coup, en 1742, la guerre vint interrompre ses pacifiques conquêtes. Il pressentit, et c'était avec raison, qu'il allait faire de longues absences, et que plusieurs années s'écouleraient sans doute avant qu'il pût revenir se mettre à la tête de ses travaux chéris. «Dans cette circonstan-
» ce, nous dit-il, je pris le parti, pour soutenir mon entreprise,
» que je ne voulais pas discontinuer, de placer à la tête de
» mon domaine un ancien domestique entendu, qui s'était
» marié et dont la femme était fort économe. Afin de l'inté-

» resser davantage au succès, je le mis à moitié de tous
» grains, fruits et revenus, comme il est d'usage dans le
» pays pour plusieurs fermes. Je lui donnai en prisée tous
» les harnais de labourage, les bestiaux de différentes espè-
» ces, les ustensiles et les outils de ce domaine; tous les
» domestiques qui le faisaient valoir furent conservés et
» restèrent avec le même traitement à sa charge, au moyen
» de la moitié que je lui abandonnais; ainsi le gouverne-
» ment et la culture demeurèrent toujours les mêmes.....
» Cette administration subsista tant que dura la guerre, et
» même jusqu'à la fin de l'année 1748. »

Je voudrais pouvoir vous dire en détail, Messieurs, ce que fit, pendant ces sept années de guerre, ce grand seigneur, qui avait quitté l'épée pour la charrue, et qui se vit contraint d'abandonner la charrue pour reprendre l'épée. J'aurais sans doute d'intéressants récits à vous faire sur la part qu'il dut prendre à ces luttes mêlées de triomphes et de revers pour nos armes. Il nous apprend lui-même qu'il fut appelé en Bavière et en Bohême: n'y était-il point en 1742, à cette fameuse retraite de Prague, dont on a voulu faire un haut et magnifique fait d'armes et qui n'était cependant que le dernier refuge d'une imprévoyante témérité? Parmi les anciens habitants de Turbilly, on se souvient encore qu'il fit la guerre aux Hollandais. Etait-il donc avec le maréchal de Saxe, à cette mémorable journée de Fontenoy, qui nous ouvrit et nous livra, en 1745, la Flandre toute entière? Anvers succomba l'année suivante. Bientôt, après les victoires de Raucoux et de Laufeld où nous savons que M. de Turbilly s'était distingué, le grand guerrier qui soutenait alors la gloire de nos armes, que de moins habiles compromettaient ailleurs, décida par la prise de Maëstricht la paix signée en 1748 à Aix-la-Chapelle. Ce fut alors que tandis que l'illustre Maurice de Saxe venait reposer sa gloire à Chambord, dont le roi lui fit don pour prix de tant de victoires, Turbilly à son tour revenait dans ses domaines, ayant conquis aussi sa récompense dans son élévation à un grade supérieur : il était lieutenant-colonel du régiment de Roussillon-cavalerie, et chevalier de l'ordre royal et militaire de Saint-Louis.

A partir de cette époque, Turbilly ne dut plus reprendre les armes, et pendant quelques années, nous allons le voir se consacrer tout entier à ses chers travaux. Il ne les avait point toutefois complétement perdus de vue : « Pendant
» tout ce temps-là, nous apprend-il, je ne fus que deux ans
» de suite sans venir dans la province, ma présence était
» alors nécessaire à ma troupe ; toutes les autres années,
» je profitai des congés que j'eus pour y faire un tour et
» visiter mes travaux ; quelquefois je ne pus y demeurer
» que quinze jours ; mais c'en fut assez pour donner un
» coup-d'œil à tout, chose essentielle dans de pareilles en-
» treprises. »

» Après que nous fûmes rentrés en France, j'envoyais
» mes équipages passer les quartiers d'hiver chez moi ; je les
» fis travailler aux chaussées et aux chemins, ainsi qu'au
» rétablissement des prairies ; mes chevaux et mulets, qu'on
» eut soin de ne pas trop fatiguer à cet ouvrage, n'en furent
» pas moins en bon état, et les voitures, qu'ils menèrent,
» avancèrent beaucoup ces travaux, que j'avais été obligé
» de suspendre depuis la guerre. »

Ce fut donc au commencement de 1749 qu'il ressaisit, comme il le dit lui-même, le gouvernement de son domaine. Il congédia son ancien domestique en le plaçant toutefois à la tête de l'une de ses principales fermes, dans laquelle cet homme eut toute facilité de s'établir avec les profits qu'il avait faits pendant son administration.

Mais avant de reprendre avec M. de Turbilly la série de travaux agricoles auxquels il se livra à partir de cette époque, nous devons enregistrer deux faits assez importants dans sa vie, je veux dire son mariage et l'érection de sa terre en marquisat.

Ce fut le 20 mars 1749 (1), que M. de Turbilly épousa, à Paris, en l'église de Saint-Gervais, demoiselle Marie-Félicité Midy, fille de Messire Denis-Claude Midy, écuyer, conseiller

---

(1) Voir l'acte de mariage, pièces justificatives n° 9.

du roi, auditeur honoraire en la chambre des comptes de Paris. Cette famille, selon ce que nous en apprend d'Hozier, avait du relief dans la magistrature. Le père de Madame de Turbilly était fils de Pierre-Claude Midy, secrétaire du roi, et de Marie-Claude Lebeuf. Quant à sa mère, il nous est seulement appris qu'elle se nommait Marie-Jeanne Le Marchand; mais à l'époque de son mariage, Mademoiselle Marie-Félicité Midy, qui avait une sœur plus jeune qu'elle, n'avait plus ni son père ni sa mère, et se trouvait placée, n'ayant que vingt ans à peine, sous la tutelle de M. Antoine-Pierre Levasseur, avocat au parlement de Paris.

Tous les souvenirs qu'a laissés la marquise de Turbilly dans le pays, nous la représentent comme une grande et belle personne, vive, aimable, spirituelle, aimant fort le plaisir; son esprit charitable était renommé, et sa douceur faisait contraste avec l'humeur un peu brusque, quoique bonne et compatissante, de son mari. Pendant une longue union, que nous avons tout lieu de croire assortie, M. et Mme de Turbilly n'eurent point d'enfants; et cette circonstance fut heureuse sans doute, en raison des revers de fortune qui vinrent plus tard les accabler et dont je ne tarderai pas à vous entretenir. Je n'ai pu savoir lequel des deux époux a survécu à l'autre; nous verrons dans la suite de ce récit que le marquis de Turbilly mourut en 1776. Le dernier document où nous voyons encore figurer la marquise, est un acte du registre de la paroisse de Volandry, du 30 mai 1773. Sa signature au surplus se retrouve souvent dans ce registre, et je vous signalerai seulement celle qu'elle donnait le 13 septembre 1762, comme marraine de la grosse cloche de Volandry, le comte du Lude étant parrain, laquelle est ainsi conçue : *Midy de Turbilly de Broc* (1).

Nous avons dit quelques mots déjà de l'humeur altière et de la vanité du père de M. de Turbilly, Louis-Philippe de Menon. En 1735, il avait eu la prétention de se faire recon-

(1) Le 15 décembre 1752, la marquise de Turbilly tient sur les fonts de baptême Félicité-Charlotte Barrin de la Galissonnière, sa nièce, en la paroisse de Saint-Thomas de La Flèche.

naître le titre de fondateur de l'église de Volandry, ce qui avait amené une protestation du curé de cette église, inscrite sur les registres de la paroisse (1), et dans laquelle il est dit que les seigneurs de Turbilly passent pour avoir été originairement calvinistes. Ce fut sans doute le même orgueil qui porta Louis-Philippe de Menon à prendre le titre de marquis, que nous lui voyons donner dans tous les actes qui le concernent depuis 1716, époque de son mariage. Son père seul, François-Urbain de Menon, qui fut tué en Allemagne, le 12 mars 1673, dans la guerre contre la Hollande (2), se donnait le titre de comte de Turbilly; immédiatement avant lui, Urbain de Menon se disait chevalier, et François de Menon, dont ce dernier était fils, n'avait encore en 1603 que la qualité d'escuyer.

Suivant la tradition qu'il avait reçue de son père, notre illustre compatriote avait pris à son tour le titre de marquis. Ce ne fut cependant qu'en l'année 1750 que la terre de Turbilly fut érigée en marquisat, par lettres-patentes du roi, données à Versailles, au mois de mai de ladite année, et régistrées, après enquête, au parlement de Paris, le 19 février de l'année suivante. Par ces lettres-patentes, dont nous avons la copie (3), « Toutes les terres formant la propriété de M. de Turbilly sont réunies pour ne faire et composer à l'avenir qu'une seule et même terre, seigneurie, justice et juridiction, laquelle est créée, décorée et élevée au titre, nom, prééminence et dignité de marquisat, sous la dénomination de Turbilly, au profit de l'impétrant et de ses enfants, postérité et descendants masles, nés et à naître en légitime mariage, stipulant d'ailleurs, qu'au deffaut d'hoirs masles, ladite terre et seigneurie retournera au même et semblable état qu'elle estait avant ces présentes lettres. »

On voit dans cette pièce intéressante d'assez longs détails sur l'enquête qui fut édifiée; l'assentiment donné par tous les seigneurs voisins de Turbilly; les oppositions faites d'abord

(1) Voir pièces justificatives n° 4.
(2) Pièces justificatives n° 10.
(3) Pièces justificatives n° 11.

au nom de plusieurs communautés et dont il est obtenu plus tard désistement pur et simple, sauf de celle des Jésuites de La Flèche, qui réservent leurs droits et leur féodalité sur le lieu de la Ferandière.

Retournons maintenant, Messieurs, aux travaux du marquis de Turbilly, et suivons-en rapidement les développements et la série. Dès la première année, une nouvelle épreuve lui est imposée. Voulant effectuer ses défrichements sur des terrains assez étendus, il fut obligé de faire venir de loin, dit-il, des journaliers pour les y employer. On se souvient en effet dans le pays qu'il fit venir des cultivateurs de la Beauce et du Périgord, et l'on désigne encore les cantons qui portaient ces deux noms, comme ayant été défrichés sans doute par des gens de ces pays. La première expérience qu'il fit de ces travailleurs ne fut pas heureuse. Il lui persuadèrent de traiter avec eux à forfait, lui demandèrent un prix élevé, firent mal leur besogne, et le résultat fut presque nul.

Toutefois ce fut la dernière faute commise en agriculture par le marquis. L'année suivante, il prit sa revanche et obtint les plus belles récoltes. Au bout de deux ans, il est conduit encore à augmenter ses domestiques et ses bœufs. Il lui faut des étables et des granges ; il fait dresser un plan pour de nouvelles servitudes. Il construit d'abord une bergerie, et s'occupe alors d'améliorer la race de ses moutons, en introduisant le système tout nouveau pour le pays qui consiste à les parquer. Ses vaches étaient petites ; il en fait acheter de plus fortes dans le Poitou, ainsi qu'un taureau de la grande espèce. Il regrette, pour l'amélioration de la race chevaline, que les étalons du roi soient en trop petit nombre. Il s'applique encore au perfectionnement des outils d'agriculture, et cherche le moyen d'obtenir des fumiers artificiels. Toutes ses cultures dirigées avec habileté, variées dans tous les genres, produisent partout d'excellents résultats ; et enfin la raison publique lui rend hommage ; on l'approuve, on l'admire et il trouve sa récompense dans les faits autant que dans le jugement qu'on en porte.

Pour vous donner une idée, Messieurs, de l'esprit du marquis de Turbilly et du succès qu'il obtenait, permettez-moi d'extraire deux passages de son Mémoire.

« Je fis venir de Strasbourg de la graine de choux-pom-
» mes de la grosse espèce, elle fut d'abord semée dans mon
» jardin, d'où je la fis transplanter dans un morceau de ma-
» rais que j'avais fait dessécher et défricher. Ce morceau,
» qui contient environ un arpent, fut planté tout entier ne
» choux; on y mit seulement par curiosité, dans un coin,
» quelques carottes, panais et betteraves, qui vinrent d'une
» grosseur prodigieuse et furent très bons. Les choux réus-
» sirent à merveille, il y en eut plusieurs qui pesèrent jus-
» qu'à 40 livres chacun; ils se trouvèrent excellents et très
» sains, quoique des gens du pays eussent avancé qu'ils se-
» raient malfaisants et nuisibles.... Il se trouva que cet ar-
» pent de marais m'avait rapporté net quatre cent vingt
» livres. Un produit si considérable prouve combien il y a
» de richesses cachées au fond des différents marais de ce
» royaume. »

Le second passage est relatif à un fait de production peut-être sans exemple. Voici en quels termes notre auteur en rend compte : «Il arriva cette année un exemple de multiplication
» du bled, qui paraîtra incroyable, et que je dois cependant
» rapporter. Un grain de seigle avait échappé au semeur
» dans le temps des semailles, il était tombé dans de la lande
» sur une vieille fourmillière morte, à dix pieds de distance
» de mes défrichements. Cette ancienne fourmillière ne for-
» mait plus qu'un monceau de fumier consommé ou d'excel-
» lent terreau. Ce grain leva et poussa plusieurs drageons.
» Je l'aperçus pendant l'hiver en allant visiter mes blés. Il
» excita ma curiosité : je fis faire tout autour, à quelques
» pieds de distance, une clôture avec des pieux et des épi-
» nes, pour le garantir du dommage des bestiaux; il conti-
» nua de venir à souhait, se trouvant en plein air et n'ayant
» rien dans son voisinage qui le gênât, ni sa tête ni ses ra-
» cines, il forma une espèce de petite gerbe; au mois de
» juillet, quand il fut mûr, je voulus en faire la récolte moi-

» même. Je proposai cette partie à plusieurs personnes de
» considération de mon voisinage qui se trouvaient alors
» chez moi. Nous nous rendîmes sur le terrain, nous cou-
» pâmes dans la terre avec un couteau la petite gerbe en
» question avec le grain qui l'avait produite, auquel toutes
» les racines tenaient encore, ainsi que nous le vîmes
» après avoir secoué la terre qui était autour de sa coque.
» Nous égrenâmes sur un drap cette petite gerbe, nous en
» comptâmes le produit, il se monta à 1440 grains de seigle,
» aussi beaux, aussi gros et aussi bons que les meilleurs de
» cette année-là. Cet exemple surpasse toutes les merveilles
» que nous avons lues sur l'ancienne fertilité de l'Egypte et
» de la Judée. »

Vous avez pu remarquer, Messieurs, que le marquis de Turbilly mettait un soin particulier à perfectionner les instruments aratoires à son usage. L'écobue principalement paraît avoir été modifiée par lui ; il en avait fait fabriquer un certain nombre, qu'il prêtait aux journaliers employés à ses défrichements, en leur retenant deux sols sur les douze sols qu'il leur donnait chaque jour. Il fournit, au surplus, d'assez longs détails sur le système de l'écobuage, qu'une longue expérience lui a fait reconnaître le meilleur moyen de défrichement. Les charrues à une ou deux oreilles furent aussi l'objet de ses perfectionnements. Il fit plus : le besoin de connaître à fond le sol qu'il avait cultivé, le conduisit à inventer une sonde dont il donne une description détaillée et qu'il employait toujours avant de défricher un terrain nouveau. Cet instrument est demeuré parmi les meilleurs de ce genre, à raison de sa simplicité et de son facile maniement ; et nous verrons bientôt le témoignage flatteur que l'un de nos plus célèbres agriculteurs modernes rend à ce sujet au marquis de Turbilly (1).

(1) Les Etats de Bretagne avaient donné une sonde de ce modèle à chaque bureau d'agriculture de la province. Le dictionnaire des arts et métiers en donne de son côté la description. Il nous est appris que lorsque le roi de Danemarck vint en France, en 1768, le marquis de Turbilly fut admis à lui présenter le mémoire qu'il avait écrit sur cet instrument, et le roi lui fit don d'une boîte ornée de son portrait et que le roi de France lui permit d'accepter.

Aucune branche de l'économie rurale n'était négligée par cet agronome intelligent. On voit ses efforts pour propager autour de lui l'éducation des abeilles et celle des vers à soie. Les premières, « aussi utiles que laborieuses, dit-il, pros-
» pèrent admirablement dans le pays, où l'on n'en a pas la
» dixième partie de ce qu'on pourrait en élever, et où l'on
» est, par ignorance, dans la mauvaise habitude de faire
» mourir les mouches lorsqu'on veut en avoir le miel, au
» lieu de châtrer les ruches, ainsi que cela se pratique
» avantageusement dans d'autres provinces. »

Il avait planté des mûriers blancs, venus avec vigueur. Il fit venir du Dauphiné et de la Provence, de la graine de vers à soie qu'il fit éclore, suivant la méthode de Réaumur, et ses vers réussirent parfaitement. Il envoya sa soie à dévider à Tours, où nous savons que c'était depuis longtemps une industrie fort avancée.

Je ne m'arrêterai point, Messieurs, aux renseignements que donne le marquis de Turbilly sur une carrière de pierres à meules de moulin qu'il rétablit, et sur des fours à chaux qu'il fit élever pour le besoin de ses nombreuses constructions. Il constate à cette occasion que sa chaux était d'une qualité parfaite; mais il ne paraît pas en avoir fait l'essai comme amendement en agriculture.

Tant d'améliorations obtenues par l'esprit intelligent d'un seul homme lui avaient enfin donné, sur la contrée qu'il habitait, un juste ascendant et une légitime influence. Il voulut les développer encore, en faisant dans son pays la première application d'une institution toute récente, et dont ses études et ses voyages lui avaient fait apprécier l'importance. J'ai déjà rappelé dans une autre circonstance, que vers 1731, une association agronomique s'était formée à Dublin, et que chaque année elle distribuait des prix et des encouragements aux agriculteurs dont les récoltes étaient les plus abondantes et les produits de meilleure qualité. Le premier, en France, le marquis de Turbilly mit en pratique cette excellente idée. Je veux lui laisser le soin de vous exposer lui-même ce qu'il fit dans ce but, et les utiles résultats qu'il prit soin d'en constater.

« Je commençai, cette année 1755, à donner aux habitants de
» mes terres des prix d'agriculture; je les avais institués dès
» l'année précédente. J'avais fait de mon mieux auparavant
» pour exciter en eux le goût du travail et de la culture des
» terres, ainsi que des défrichements. Le succès que j'avais
» eu dans les miens, de même que dans tous mes autres
» travaux et améliorations, avait produit un très bon effet,
» et en avait incité plusieurs, tant propriétaires que fer-
» miers, à suivre mon exemple, en améliorant leurs fonds
» déjà cultivés, et en mettant en valeur ceux qui étaient
» abandonnés. J'avais aidé ces gens-là dans leurs entrepri-
» ses, en leur donnant des instructions et en avançant d'a-
» bord des semences à ceux qui en manquaient; j'avais
» même prêté à quelques-uns de l'argent et des outils; pour
» les encourager tous davantage, j'avais donné diverses
» récompenses tous les ans à ceux qui se distinguaient le
» plus; j'avais aussi accordé à mes fermiers une gratifica-
» tion de vingt francs par chaque arpent de terre qu'ils dé-
» fricheraient, ce qui subsiste encore.

» Pour achever de déterminer absolument tous ces habi-
» tants à se livrer entièrement aux sentiments que j'avais
» déjà fait naître en eux, je jugeai qu'il fallait les prendre,
» tant du côté de l'intérêt que de celui de la vanité, deux
» motifs qui sont fort puissants dans le cœur des hommes.
» En conséquence, je fis publier au mois de janvier 1754,
» que j'allais désormais donner tous les ans, le jour de l'As-
» somption, aux conditions qui seront marquées ci-après,
» *deux prix d'agriculture*, l'un à celui qui aurait le plus beau
» froment, l'autre à celui qui se trouverait avoir le plus beau
» seigle, et que l'on commencerait à les distribuer à l'As-
» somption 1755. Ces prix consistent chacun dans une som-
» me d'argent assez considérable pour cette province, où il
» est rare, et dans une médaille d'argent, gravée exprès,
» laquelle est de la même grandeur et pesanteur qu'un écu
» de six livres. C'est, je crois, la première qui ait ja-
» mais paru en France pour une chose aussi utile, quoi-
» qu'il y en ait beaucoup de frappées dans ce royaume pour

» des objets, la plupart bien moins intéressants. L'on y voit
» d'un côté, une gerbe de bled, avec des faucilles, faulx et
» fléaux; en haut est écrit : *Prix d'agriculture*, et en bas,
» l'année est marquée. De l'autre côté sont mes armes, au-
» tour desquelles est encore écrit : *pour exciter au travail les*
» *habitants du*, etc. Je n'ai point voulu mettre sur cette mé-
» daille la déesse Cérès des anciens, ni aucune figure hié-
» roglyphique ; les paysans ignorants n'y auraient rien com-
» pris. D'ailleurs, il eût été à craindre que quelques-uns la
» prenant pour l'image d'un saint ou d'une sainte, ne lui
» rendissent un culte, et que ce que j'avais fait pour un ob-
» jet d'utilité, n'en devînt dans la suite un de superstition
» ou d'idolâtrie.

» Pour prétendre à ce prix, il faut avoir au moins, d'un
» tenant, deux arpents de terre, semés dans l'une des deux
» espèces de grains marqués ci-dessus ; ils sont donnés au
» plus beau blé jugé sur pied afin d'écarter toute superche-
» rie ; à blé égal, c'est le plus mauvais fonds qui a la préfé-
» rence. Lorsque les fonds et les blés sont égaux en qualités
» de part et d'autre, le morceau de la plus grande éten-
» due en même beauté l'emporte ; c'est aux habitants, en
» général, qu'appartient la décision de ces prix. Quelque
» temps avant que les seigles soient mûrs, ils s'assemblent
» un jour de fête, à l'issue de la grand'messe paroissiale, à
» la porte de l'église, ils nomment cinq de ceux qui n'aspi-
» rent point aux prix, pour aller visiter tous les blés, et
» marquer les endroits qu'ils trouvent les plus beaux.
» Le premier dimanche ou jour de fête suivant, ils viennent
» faire leur rapport à la même assemblée. Si quelqu'un se
» plaint et prétend avoir été oublié mal à propos dans le
» nombre des blés marqués, l'on envoie sur le champ vé-
» rifier si la plainte est fondée. L'assemblée nomme aussi les
» cinq mêmes personnes, ou d'autres, si elle le veut, pour
» aller examiner de nouveau, avec la plus grande attention
» ces blés marqués, et juger les deux morceaux qui méri-
» tent le mieux les deux prix, chacun dans leur espèce. Le
» dimanche ou fête d'ensuite, ils viennent rendre compte à

» la même assemblée d'habitants de leurs jugements. Si
» aucun des intéressés dans les blés marqués ne va contre,
» elle adjuge les prix en conséquence ; mais si quelqu'un
» de ces intéressés en appelle, elle nomme aussitôt d'autres
» gens au fait pour se transporter sur les lieux, et revenir
» lui en dire leurs sentiments. Le premier dimanche ou fête
» suivant, jour auquel, dans ce cas là, la décision est ren-
» voyée, les journées de tous ces gens envoyés par l'assem-
» blée sont payées à mes dépens. Le jour de l'Assomption,
» conformément à la décision des habitants, les prix sont
» délivrés publiquement après la messe paroissiale; ceux qui
» les ont obtenus portent, pendant une année seulement, leur
» médaille attachée à la boutonnière de leur habit, avec un
» ruban vert qu'on leur donne en même temps. Ils ont pen-
» dant la même année, une place honorable, dans un banc
» situé dans le chœur de l'église paroissiale. Dès que l'an-
» née est passée, c'est-à-dire à l'Assomption suivante, ils
» ne jouissent plus de ces distinctions, qui passent à ceux
» qui remportent de nouveaux prix ce jour-là ; la médaille
» leur reste cependant, et ils sont les maîtres d'en disposer;
» mais ils ne peuvent plus la porter extérieurement, ni
» l'attacher à leurs vêtements. Il ne s'en est trouvé aucun,
» jusqu'à présent, qui ait voulu vendre la médaille ; tous la
» gardent comme un titre glorieux dans leur famille.

« Ces prix ont excité une émulation singulière parmi les
» habitants et fait un si grand bien, que je conseille à tous
» les seigneurs, tant ecclésiastiques que laïques, d'en don-
» ner aussi dans leurs terres....»

Après avoir fait tant et de si heureux efforts pour l'augmentation de ses revenus et pour l'amélioration du sort des
habitants de ses terres, le marquis de Turbilly n'eût pas été
fidèle aux principes que nous l'avons vu professer dès sa
jeunesse, s'il n'avait pris les moyens d'étendre plus au loin
les favorables résultats qu'il avait obtenus, et de faire profiter chacun des fruits de sa longue expérience. L'expérience,
il le savait, ne s'acquiert que par de rudes épreuves et des
travaux suivis ; les conquêtes en ce genre coûtent cher, et

c'est un crime contre l'humanité que de lui en refuser les bénéfices, lorsqu'on les possède pour soi-même. Turbilly songea donc à rédiger et à répandre l'analyse de ses entreprises agricoles et son système sur quelques parties de la science agronomique. Il écrivit son *Mémoire sur les défrichements*, dont la première édition parut en 1760. Cet ouvrage fit une sensation profonde : l'année n'était pas écoulée que l'on dut imprimer à part la *Pratique* seule, qui forme la première partie du livre. Une seconde édition entière en fut publiée l'année suivante, et presqu'immédiatement après, il en parut une troisième. Amsterdam en imprima une autre en 1762; Londres, à la même époque, en donna une traduction anglaise; on en fit également une traduction allemande; et bientôt les Sociétés d'agriculture qui s'établirent en grande partie par ses soins, comme nous allons le voir, firent à cet écrit de nombreux emprunts pour leurs collections (1).

La Société économique de Berne l'inséra en entier dans ses Mémoires, où l'on retrouve en outre de nombreuses notes et des développements nouveaux, extraits de la correspondance qui s'établit alors entre le marquis de Turbilly et les différents membres de la Société (2). Ces notes et ces développements ont été en partie joints à la quatrième édition, publiée à Paris en 1811, et qui ne contient que la Pratique des défrichements; mais on y a présenté cet ouvrage sous un jour nouveau, en y insérant une division par chapitres, et en le terminant par une table des matières, pour faciliter les recherches auxquelles on voudra se livrer (3).

(1) Plusieurs souverains lui en témoignèrent leur contentement; entre autres le roi de Pologne, le duc de Lorraine, qui lui écrivit à cette occasion une lettre très flatteuse. Le roi de Danemarck la fit traduire en danois, et son premier ministre adressa à ce sujet, à Turbilly, une lettre très gracieuse pour lui exprimer sa satisfaction.

(2) Voir l'analyse de cette correspondance par M. Robert d'Herlack, pièces justificatives n° 11 bis.

(3) Cette table m'ayant paru de nature à faire apprécier l'importance des sujets traités dans l'ouvrage de Turbilly et le mérite même de la méthode qu'il recommande, j'ai cru devoir la joindre aux documents publiés à la suite de cette notice. Voir pièces justificatives n° 12.

Le Mémoire du marquis de Turbilly est divisé en deux parties principales : la première est toute théorique et renferme les notions les plus complètes que possédait l'auteur sur les diverses méthodes de défrichements, l'appréciation du sol et des cultures, l'emploi des instruments les plus appropriés, et différentes autres branches de l'économie rurale. C'est celle qui a été imprimée séparément sous le titre de *Pratiques des défrichements*.

La seconde renferme l'histoire des travaux et des entreprises de l'auteur, et c'est cette histoire même que j'ai analysée pour vous faire apprécier, Messieurs, la valeur de notre agronome angevin. Cette sorte de journal, dont la lecture est vraiment pleine d'attraits, est suivi de réflexions que je puis appeler la partie philosophique de l'ouvrage ; il faut lire ces pages, voir les conseils de réforme qu'elles renferment, les idées élevées et hardies qu'elles indiquent, pour apprécier, surtout en songeant à l'époque où elles étaient tracées, la supériorité d'esprit de l'écrivain. Je croirais manquer à la mémoire de notre illustre compatriote si je ne m'arrêtais quelques instants aux considérations qu'il a ainsi présentées.

Après avoir exposé ce qu'il a su faire avec sa modeste fortune, et les résultats que tant d'obstacles ne l'ont point empêché d'obtenir, il se demande si le roi ne devrait point user de son pouvoir, de ses trésors, de tous ses moyens d'action, pour augmenter, comme il l'a fait lui-même, la valeur et le produit du sol en France, doubler les richesses de la patrie, assurer le bien-être de ses sujets, en accroître le nombre, et marcher sous tant de rapports importants, vers un progrès incessant d'aisance et de bonheur.

En donnant à la royauté ce conseil intelligent, il ose entrer plus avant dans la question même ; et bientôt il en vient à traiter des points hardis. Les chasses réservées aux *plaisirs* du roi sont trop étendues ; elles absorbent surtout, autour de la capitale, des terres qui seraient précieuses à l'agriculture : il faut les restreindre et supprimer les capineries où le roi ne va jamais. Le peuple, ajoutait-il, acceptera d'en rembourser les charges. Il se plaint avec une amertume bien légitime que la moitié du sol en France soit laissée sans culture. Il demande pour l'agriculture, non-seulement une liberté bien entendue, mais encore une protection spéciale, des encouragements efficaces, et l'abolition des charges qui l'arrêtent dans son essor. La mendicité doit disparaître, il en a montré le moyen, et l'oisiveté doit être détruite. Dès cette époque, l'émigration vers les villes tendait à dépeupler les campagnes; il veut que l'on conserve à l'agriculture les forces vives qui cherchent à l'abandonner. Il faut également faire refluer vers les campagnes les capitaux qui veulent se porter ailleurs. Le taux de l'argent est plus élevé en France que dans d'autres pays; il demande qu'on l'abaisse en donnant le plus de facilités possibles pour la mise en valeur des terrains incultes. D'une autre part, la répartition des tailles est mauvaise, et le moyen de l'améliorer est d'établir des cadastres, aussi nécessaires dans les paroisses que les papiers terriers dans les seigneuries. Les exemptions et les priviléges sont trop facilement accordés aux habitants des villes; les cultivateurs en sont accablés; et de plus, mille droits féodaux et charges de toutes sortes viennent arrêter et paralyser leurs efforts ou leur bon vouloir. Veulent-ils enclore leurs champs: la loi ne tolère les clôtures qu'en les regardant comme un privilége qu'elle frappe d'un droit énorme. Cherchent-ils à écouler leurs produits: la circulation n'est pas libre, et des barrières trop resserrées viennent bientôt les entraver. Les droits seigneuriaux sont mal définis; les impôts n'ont rien de fixe, et les édits qui les concernent forment un chaos dans lequel on se perd; les annoblissements à prix d'argent sont trop faciles; plusieurs ne coûtent que 25 ou 30,000 livres, et rapportent davantage par les priviléges qu'ils confèrent; le gibier que la loi protége, ravage et anéantit les récoltes; les baux sont trop courts; les bestiaux trop rares; les fêtes trop multipliées, et leur nombre est tel qu'il entraîne l'oisiveté des campagnes pendant un tiers de l'année. Tant d'abus, tant d'obstacles veulent être détruits, tant de besoins satisfaits. La richesse du pays est dans le sol ; il faut l'en faire sortir. Toutes les difficultés, il les soulève et les approfondit : ses vues sont pratiques, ses aperçus ingénieux, ses conseils nets et pressants ; et l'on doit admirer qu'à cette époque un grand seigneur, fier assurément, comme tant d'autres, de ses titres et de sa naissance, ait su comprendre à ce point les principes d'émancipation et d'indépendance, et traiter un si grand nombre de questions, dont quelques-unes sont encore, et plus que jamais, à l'ordre du jour en notre temps.

En terminant son ouvrage, le marquis de Turbilly recommande avec instance l'établissement dans les provinces du royaume, de diverses sociétés d'agriculture qui correspondraient, dit-il, avec une principale que l'on placerait à Paris. Il donne, sur leur formation, ses plans et ses idées ; il veut qu'on leur alloue des fonds et qu'on les mette à même de distribuer des prix annuels. C'était encore là, Messieurs, une institution toute nouvelle pour notre pays. L'Angleterre, l'Ecosse et l'Irlande nous avaient devancés dans cette voie de quelques années ; et il n'existait, alors qu'écrivait le marquis de Turbilly, qu'une seule société, en France, du genre de celle qu'il prenait soin de préconiser. C'était à Rennes que cette société avait été formée en 1757 ; et notre compatriote n'oublie pas de louer les Etats de Bretagne d'avoir ainsi donné un utile exemple et d'avoir joint à l'institution fondée par eux, tout ce qui concerne les arts et le commerce.

Il se faisait à cette époque, en France, un effort considérable vers les idées dont il est ici question. Déjà, en 1755, le marquis de Mirabeau, père du célèbre orateur de l'Assemblée constituante, avait recommandé, dans l'*Ami des Hommes*, l'établissement des Sociétés d'agriculture en France. Turbilly venait de donner une nouvelle impulsion à la faveur qu'elles commençaient à prendre dans l'esprit public, lorsque le contrôleur-général des finances Bertin arriva aux affaires et réalisa d'une manière complète les vues de notre célèbre agronome, en instituant de nombreuses sociétés dans tout le royaume. Celle de Paris fut fondée par arrêt du conseil, du 1ᵉʳ mars 1761, et le marquis de Turbilly fut mis au nombre des membres fondateurs. Il fit également partie du comité d'agriculture, établi par ordonnance du roi du 12 janvier 1761, afin d'imprimer une direction uniforme aux Sociétés d'agriculture du royaume, composé de cinq conseillers d'État, de lui et de M. Parent, premier commis des finances, chargé de tenir le régistre des délibérations, ce comité se réunissait régulièrement tous les lundis (1). Nous voyons qu'il assistait à la première séance de la Société d'agriculture de Paris, le 12 mars, à côté de Turgot, Buffon, Duhamel du Monceau, Trudaine et Bertin lui-même.

Quelques jours auparavant, le 24 février, un autre arrêt du conseil avait institué, pour la généralité de Tours, une société semblable, composée de trois bureaux, tenant leurs séances à Tours, à Angers et au Mans. Chacun de ces bureaux était composé de vingt membres, et le marquis de Turbilly figure parmi ceux du bureau d'Angers (2). Ce fut le 10 avril suivant qu'eut lieu la première séance, un dimanche soir, à l'issue des offices, dit le procès-verbal, en la salle située dans l'enceinte de l'Hôtel-de-Ville, et destinée aux exercices de l'Académie des sciences et belles-lettres, dont M. de Turbilly faisait lui-même partie comme associé-libre (3). Un ordre de questions relatives à l'agriculture fut rédigé et imprimé pour être répandu dans toutes les parties de l'Anjou; et chacun des membres du bureau s'inscrivit pour traiter quelques-unes de ces questions. Le nom du marquis de Turbilly figure en regard des matières suivantes : Labours, tant à bras d'hommes qu'à la charrue. — Outils propres au labourage. — Fumiers, engrais et autres amendements, en y comprenant l'alliage et le mélange des

(1) Pièces justificatives, n° 11 bis.
(2) Voir la liste entière aux pièces justificatives n° 13.
(3) Les archives de cette académie n'existant plus, il a été impossible de savoir la part que le marquis a pu prendre à ses travaux.

terres. — Culture des blés, des orges et des avoines. — Défrichement des terres incultes. — Dessèchement des marais. — Police de la campagne.

Nous savons encore que le marquis de Turbilly fit partie, à la même époque, de la société d'agriculture de commerce et des arts de Bretagne, et de celle de Soissons, et qu'il fut nommé membre ordinaire de la Société économique de Berne et de la société royale de Londres.

La coopération de notre compatriote aux travaux de ces diverses sociétés fut active et féconde. Nous avons déjà vu combien d'importants documents furent empruntés à la correspondance qu'il entretint avec ses collègues de Berne. Les procès-verbaux de Paris, de Tours et du Mans font connaître également les utiles communications qu'il leur fit tour à tour.

A Paris, nous voyons que trois mémoires adressés par lui et publiés alors par la Société elle-même, en 1761 (1). Ces trois mémoires ont pour titres : *Observations sur l'établissement des Sociétés royales d'agriculture dans les différentes généralités du royaume.* — *Réflexions sur les Sociétés royales d'agriculture des différentes généralités du royaume.* — *Essai sur les labours.*

Au Mans, les procès-verbaux des séances du bureau mentionnent plusieurs fois les communications du même écrivain ; et de plus, ils constatent une fois la présence du marquis en personne, et la lecture qu'il a faite de plusieurs mémoires : « La Société, y est-il dit, devait à bien des égards à
» M. le marquis de Turbilly la réception qu'elle lui a faite
» dans la séance extraordinaire qu'elle a tenue le 3 novem-
» bre dernier (1761) et la première à la rentrée des vacances.
» Il y donna lecture de plusieurs mémoires ; celui qui dé-
» montre le préjudice que cause à l'agriculture la *courte du-*
» *rée des baux*, parut importante et fit la matière de la déli-
» bération. »

En ce qui concerne le bureau de Tours, la coopération du marquis de Turbilly paraît avoir été plus importante encore.

(1) Mémoires de la Société centrale d'agriculture, 1814. Avertissement sur les publications antérieures de la société.

Les extraits des procès-verbaux qui le concernent sont trop nombreux, Messieurs, pour que je songe à vous les soumettre en ce moment (1). Je me borne à vous citer le passage suivant, qui constate le succès de l'une des entreprises nouvelles que le marquis avait faites à Turbilly : « M. le mar-
« quis (il assistait à cette séance du 24 décembre 1761) sou-
» mit ensuite à l'examen de la compagnie un échantillon de
« soie qu'il avait recueilli et fait filer à Turbilly, en Anjou.
» On en trouva la couleur un peu terne ; on observa aussi
» qu'elle avait été peu scrupuleusement nettoyée, et qu'elle
» avait été tirée à un trop grand nombre de cocons. Du reste,
» la soie fut jugée bonne, quant au nerf et à la qualité ; et
» l'on estime que, travaillée par une fileuse habile, elle n'au-
» rait cédé en rien aux meilleures soies de la Province (2). »

La renommée et les succès du marquis de Turbilly étaient alors à leur apogée. Les revers allaient bientôt venir l'atteindre, l'accabler, et terminer dans la gêne et les angoisses une existence qui jusqu'alors s'était consacrée tout entière aux idées utiles et à l'amélioration du sort de tous. On a voulu faire croire que les travaux agricoles du marquis de Turbilly, loin d'avoir été fructueux, avaient seuls amené sa ruine ; tous les faits établis concourent à prouver le contraire. En agriculture, il fut habile, prudent, heureux. On a dit encore que quelques autres entreprises, qui paraissent postérieures à l'époque à laquelle nous sommes arrivés, ont porté le désastre dans sa fortune. Il paraît en effet que dans les entraînements de ses expériences nouvelles, il fut conduit à établir sur ses terres une manufacture de porcelaine ou du moins de poterie et une fabrique de savon (3). Mais il n'est

(1) Ces extraits sont joints aux pièces justificatives n° 14.

(2) Déjà en 1837, j'avais appelé l'attention de la Société industrielle sur ce fait. Voir Bulletin, année 1837, pag. 10.

(3) Il existe encore dans la forêt du Peugle, voisine de Turbilly, des excavations nombreuses, dont quelques-unes paraissent être dues à des enlèvements de terres destinées à la confection de la porcelaine ou poterie dont il est ici question. Quant à la fabrique de savon, voir aux pièces justificatives n° 15, ce qu'en dit M. l'abbé Chevalier, des restes qu'il a lui-même observés.

pas possible d'admettre qu'il ait pu voir sa fortune tout entière s'engloutir dans des spéculations qui ne paraissent pas avoir pris entre ses mains des proportions bien importantes. Une cause grave au contraire nous est connue qui seule a consommé sa ruine, et je me hâte, Messieurs, de vous donner à cet égard les renseignements que j'ai pu me procurer.

Non loin de la terre de Turbilly, se trouvait une contrée dont l'agriculture était depuis des siècles dans l'état le plus déplorable. La vallée de l'Authion, éloignée seulement de quelques lieues, située entre la Loire et l'Authion, présentait alors d'une part, des terres d'une grande fertilité, et de l'autre, des landes, des marais, des prés et des communs, la majeure partie du temps submergés. Le pays était loin d'être salubre; les habitants portaient sur leurs visages un air de langueur causé par cette insalubrité même; et il n'était pas jusqu'aux bestiaux dont la maigreur annonçait la mauvaise qualité.

Mû par une pensée généreuse, M. de Turbilly ne fut point arrêté par la certitude des travaux pénibles et des grandes dépenses qu'il lui faudrait faire, avant de convertir en terres labourables et en prairies, ces landes et ces marais vaseux. Il ne vit là qu'une œuvre utile par ses résultats immédiats et par l'influence heureuse qu'elle exercerait sur l'esprit et la santé des habitants.

Il sollicita donc et obtint du roi, par arrêt du 11 mars 1763, l'inféodation des portions de ces terrains situés dans le comté de Beaufort, en Anjou, *qui se trouveront appartenir à Sa Majesté, distraction faite de celles échues aux communautés d'habitants par le triage de* 1575. Cette concession étant faite, y est-il dit, *dans l'intérêt de l'agriculture, et pour mettre en valeur par des défrichements utiles à l'État, ces terres incultes.*

Déjà, en 1762, une concession analogue avait été accordée par arrêt au sieur Joseph Faribault, premier président et juge général des gabelles de France, à Angers. Aussi les usagers de ces terrains qui crurent y voir un empiètement sur leurs droits, s'émurent aussitôt et se mirent en mesure de s'opposer à la prise de possession de ces nouveaux concessionnaires.

Un arrêt du conseil du 25 septembre 1764, renvoya en grande direction des finances, les requêtes et mémoires des usagers présentés tant contre le marquis de Turbilly, que contre le sieur Faribault, pour y être définitivement fait droit sur leurs prétentions respectives.

Un arrêt de renvoi fut rendu le 25 janvier 1765.

En soutenant la validité des concessions qui leur avaient été faites par le roi, par les arrêts de 1762 et de 1763, de 400 arpents de terres vaines et vagues du comté de Beaufort, MM. Faribault et de Turbilly ne demandaient qu'à être maintenus dans ce qui excéderait la quantité de 1848 arpents délaissés aux habitants par le triage de 1575.

Sur les oppositions formées par les usagers aux arrêts de 1762 et 1763, et après une ample instruction, il fut rendu le 1er août 1767 en la grande direction des finances un arrêt solennel et contradictoire, par lequel les concessionnaires furent déboutés de toutes leurs demandes, et les usagers maintenus dans la propriété et possession de leurs communs pour en jouir à perpétuité et par indivis, à la charge des devoirs (1).

Indépendamment des simples usagers, le maréchal de Contades, seigneur de Mazé, etc., l'abbaye royale de Toussaint d'Angers, l'abbaye de Saint-Aubin d'Angers, les administrateurs de l'Hôtel-Dieu d'Angers, les religieux de Saint-Florent de Saumur, étaient en cause dans ce colossal procès. Le marquis de Turbilly tenta vainement de faire casser l'arrêt rendu contre lui ; ses demandes furent rejetées par d'autres arrêts de 1770 et 1771.

D'après ces décisions, le conseil avait reconnu que le roi n'avait aucune propriété dans ces terres, puisqu'il annule la concession faite au marquis de Turbilly, ayant pour objet les terres qui excédaient celles délaissées aux habitants par le triage de 1575.

L'attaque et la défense avaient été développées en des pro-

(1) Cet arrêt se trouve aux archives de la préfecture de Maine et Loire.

portions formidables ; de nombreux mémoires avaient été publiés de part et d'autre (1), et pendant huit années cet immense débat avait absorbé stérilement toute l'activité du marquis de Turbilly. Pendant tout ce temps, en effet, il avait dû abandonner son domaine et ses cultures ; l'absence de l'œil du maître avait permis sans doute bien des négligences et bien des abus. Chaque jour devait disparaître un des fruits de ces améliorations obtenues par la plus persévérante surveillance ; et tandis que son patrimoine s'amoindrissait ainsi par la force même des choses, les luttes du procès qu'il avait à soutenir loin de son pays amenaient chaque jour des dépenses nouvelles ; jusqu'à ce qu'enfin l'arrêt rendu contre lui fût venu mettre à sa charge les frais immenses de la procédure dans laquelle il avait succombé.

En fallait-il davantage pour anéantir sa fortune, et surtout pour désespérer et briser cette âme ardente et prompte aux vives impressions ? Il lui fallut alors compter avec ses créanciers ; il trouva chez eux tous les égards auxquels il avait droit. On lui laissa jusqu'à sa mort la jouissance et l'administration de ses biens ; et il put achever sa vie sans paraître avoir été dépouillé du patrimoine de ses aïeux.

Ce fut le 25 février 1776 qu'enfin il mourut à Paris, rue Saint-André-des-Arts ainsi que le constate l'acte de décès inscrit le lendemain sur les registres de cette paroisse (2). Cet acte ne fait aucune mention de Mme de Turbilly, qui, comme nous l'avons vu, existait encore trois ans plus tôt, et dont on ignore complétement l'époque de la mort.

(1) Mémoire sur les moyens les plus simples et les moins dispendieux d'empêcher les débordements de l'Authion, en Anjou, et la stagnation de ses eaux, 1786. — Mémoire sommaire sur un incident pour les usagers, propriétaires des communs situés dans le comté de Beaufort, en Anjou, contre le sieur Faribault, juge des gabelles dans la même province. Paris, imprimerie d'André Knapee, pont Saint-Michel, 1765.—Mémoire pour les habitants des quatorze communes du comté de Beaufort, sur la question de propriété des terres vaines et vagues, pâtis et marais situés dans l'enceinte de ces communs. Angers, chez A. Mame, 1820.

(2) Voir cet acte aux pièces justificatives, n° 16.

Telle fut la vie du marquis de Turbilly, et les services qu'il s'efforça de rendre. S'il a fait beaucoup pour le pays où l'avait fixé sa naissance, ce pays n'a point perdu sa mémoire. De nos jours encore, dans la commune de Volandry, les vieillards ne parlent de lui qu'avec attendrissement et reconnaissance. Aucun d'eux ne l'a connu ; mais ils le connaissent par les traditions de famille et les récits de leurs pères ; ils ont appris, et ils s'en souviennent, qu'il a été le bienfaiteur du pays, ils savent qu'il était affable, compatissant, généreux, d'humeur prompte et s'irritant aisément de la résistance ; mais toujours prêt à obliger et désireux surtout d'augmenter autour de lui le bien-être et l'aisance. Les améliorations qu'il avait obtenues n'ont pas tardé à disparaître, ainsi que nous le verrons tout à l'heure ; mais la trace qu'il a laissée dans les cœurs ne s'est point encore effacée. Hélas ! le temps sait tout détruire, et le souvenir de cet homme de bien disparaîtra bientôt de la mémoire des hommes, comme ont disparu les sillons qu'il avait creusés.

A peine le marquis de Turbilly eût-il rendu le dernier soupir, que ses créanciers reprirent les droits dont ils avaient pour un temps suspendu l'exercice. La vente de ses effets mobiliers eut lieu à son château, au mois de juin 1776. Le numéro des *Affiches d'Angers* du 14 du même mois contient dans l'annonce qu'il en fait, une énumération qui prouve le goût du marquis pour les beaux arts et la littérature. On y remarque une bibliothèque importante, de beaux instruments de mathématiques, des collections de tableaux, d'estampes, de médailles ; des armes antiques et de luxe, etc. (1)

Le château lui-même fut vendu à la barre du Parlement de Paris, le 5 septembre 1781, et adjugé, moyennant la somme de 276,500 livres, à Me Souchet, procureur, qui fit immédiatement une déclaration de command au profit de M. Henri de Galway, dont la famille est encore propriétaire de nos jours (2).

Tant qu'il avait vécu, le marquis de Turbilly avait été en-

(1) Voir pièces justificatives n° 17.
(2) Voir pièces justificatives n° 18.

touré de considération et comme savant, et comme citoyen. Les témoignages ne lui ont pas manqué sous ce rapport, même dans les temps de sa détresse, et la conduite même de ses créanciers en fait foi. Une seule fois peut-être la critique se fit entendre au milieu de tant d'éloges : Dupuy d'Emportes qui publia, en 1761 et années suivantes, le *Cultivateur gentilhomme*, traduit de l'anglais de Hall, en 8 volumes in-4°, y fit quelques critiques du *Mémoire sur les défrichements*. Mais aussitôt, un homme dont les connaissances en agriculture n'étaient pas contestées, M. d'Espreménil, qui fut mêlé aux premières luttes de la révolution et qui plus tard fut frappé par elle, prit en main avec vigueur la défense du marquis de Turbilly dans un opuscule in-12 publié par lui en 1763, sous le titre de *Correspondance sur une question d'agriculture*. « En défendant M. de Turbilly, dit-il en terminant » (page 198), je ne prétends pas dire qu'il nous a donné une » méthode perfectionnée : il a trop de génie pour le croire » lui-même, et je lui ferais injure. Nulle prédilection per- » sonnelle ne m'a guidé : je ne connais de lui que ses ouvra- » ges, et son nom qui passera à la postérité à titre de bien- » faiteur de la patrie. »

Voltaire, à son tour, a voulu rendre hommage à notre illustre compatriote, lorsqu'il écrivit, en 1761, son *Épitre sur l'agriculture*, dédiée à Mme Denis. Permettez-moi, Messieurs, de vous citer quelques vers adressés par lui à un jeune homme qui se plaint de l'ennui, loin de la cour :

« De l'ennui ! Penses-tu que, retiré chez toi,
» Pour les tiens, pour l'État tu n'as plus rien à faire ?
» La nature t'appelle, apprends à l'observer ;
» La France a des déserts, ose les cultiver ;
» Elle a des malheureux ; un travail nécessaire,
» Ce partage de l'homme et son consolateur,
» En chassant l'indigence, amène le bonheur ;
» Change en épis dorés, change en gras pâturages
» Ces ronces, ces roseaux, ces affreux marécages.
» Tes vassaux languissants qui pleuraient d'être nés,
» Qui redoutaient surtout de former leurs semblables,
» Et de donner le jour à des infortunés,

» Vont se lier gaîment par des nœuds désirables.
» D'un canton désolé l'habitant s'enrichit,
» Turbilly, dans l'Anjou, t'imite et t'applaudit.
» Bertin, qui dans son roi voit toujours la patrie,
» Prête un bras secourable à ta noble industrie,
» Trudaine sait assez que le cultivateur,
» Des ressorts de l'État est le premier moteur,
» Et qu'on ne doit pas moins, pour le soutien du trône,
» A la faux de Cérès qu'au sabre de Bellone. »

Il serait assurément trop long, Messieurs, de vous redire ici tous les éloges que de nombreux écrivains ont adressés au marquis de Turbilly. Ceux même qui ne parlent que de ses ouvrages, sans fournir aucuns renseignements sur sa personne et son histoire, ne le citent qu'avec une grande considération. Diderot, à l'article *Agriculture* de l'Encyclopédie, met son *Mémoire* au rang des écrits qui ont fait faire à cette science le plus de progrès à son époque. Marchant de Burbure, dans ses *Essais historiques sur la Flèche*, constate avec soin l'influence que ses travaux ont exercé dans le pays. François de Neufchâteau, ministre sous l'Empire, et qui, à l'exemple des États de Bretagne vers 1763 voulait faire déposer une sonde de Turbilly dans chacune des Sous-Préfectures de France, avait, dans son *Premier rapport* à la Société centrale d'agriculture sur le perfectionnement des charrues, parlé en ces termes de son livre sur les défrichements :
« Il excita en France, et en Europe même une fermentation
» salutaire. Ceux qui nient ou qui contestent l'influence des
» livres et l'utilité des sciences, seraient bien étonnés du cal-
» cul qu'on pourrait leur offrir de l'immense quantité de
» terrain que le petit volume du marquis de Turbilly a fait
» restituer à l'agriculture. Plusieurs millions d'arpents in-
» cultes ont contribué, depuis ce livre, à augmenter la masse
» des subsistances........ On ne peut disconvenir que ses
» exemples et ses idées n'aient fait, dans le milieu du siècle
» dernier, une grande impression sur l'esprit du peuple et
» sur la politique économique des gouvernements. »

Dois-je ajouter, Messieurs, que toutes les biographies contiennent le nom du marquis de Turbilly, et que, si incomplets que soient les renseignements qu'elles donnent sur lui, il n'en est pas une qui n'élève ses écrits et ses travaux à leur véritable hauteur. Feller lui-même, dans son *Dictionnaire historique,* fait une place honorable à notre agronome. Mais j'appellerai surtout votre attention sur l'article important qu'a rédigé M. Beuchot, dans la *Biographie universelle* de Michaud, et dans lequel ce consciencieux écrivain indique le marquis de Turbilly comme le créateur en France de la bienfaisante institution des prix d'agriculture ; comme celui qui provoqua l'établissement des sociétés agronomiques, la suppression des droits féodaux nuisibles aux cultivateurs ; et surtout comme ayant fait en France les premières tentatives pour l'extinction de la mendicité.

A son tour, l'auteur estimé de la *Biographie agronomique,* Musset-Pathay parle, en divers endroits avec le plus grand éloge, de la personne et des ouvrages du marquis de Turbilly. Il constate avec un profond étonnement le silence que garde à son égard l'un des écrivains agronomiques les plus vantés du dernier siècle, l'abbé Rozier auteur du *Cours complet d'agriculture,* en 10 volumes in-4°. « Aux articles *défrichement et*
» *écobuage,* dit-il, l'abbé Rozier aurait dû parler de cet auteur,
» qui réunissait la pratique à la théorie ; mais il n'en a pas dit
» un mot ; et cet oubli est d'autant plus singulier, que l'on ne
» peut supposer que l'abbé n'ait pas entendu parler de Tur-
» billy et de son ouvrage.... quoiqu'il y ait, dans l'article *dé-*
» *frichement* des idées que l'on retrouve dans le mémoire de
» Turbilly, on ne peut croire que Rozier ait connu ce mémoi-
» re ; car son article aurait été plus complet qu'il ne l'est. »

Enfin, Messieurs, à mesure que l'on avance dans le XIX siècle, les appréciations relatives à notre illustre compatriote deviennent plus multipliées et plus flatteuses. Je signalerai ici le langage que tiennent à son sujet, parmi les auteurs contemporains, Loudon, l'un des écrivains anglais les plus renommés pour leur science agronomique, dans son *Tableau historique de l'agriculture des divers pays du globe;* Bosc, le célèbre professeur du Jardin des plantes de Paris, dans son *Cours d'agriculture* et plusieurs autres écrits détachés ; M. Jules Rieffel, l'un des agronomes qui ont de nos jours le plus d'autorité en matière de défrichements, dans son ouvrage sur l'*Agriculture de l'ouest de la France* ; M. Thiébault de Bernaud, dans le *Manuel du cultivateur français* ; M. Costaz, dans l'*Histoire de l'administration en France ;* et plus récemment encore, M. de Valserres, dans le *Journal de l'agriculture et des haras* (septembre 1847), et la deuxième édition de son *Manuel du droit rural* ; M. Louis Leclerc, de Paris, notre collègue, dans un article *Agriculture* du Constitutionnel d'octobre 1848 ; et enfin M. Noyon, membre de la Société d'agriculture du Var, dans le tome 1ᵉʳ de la 4ᵉ série des travaux de cette société.

Après de si éminents services rendus à son pays, après tant d'éloges retentissants obtenus de toutes parts, après une célébrité si constatée et si répandue, comment se fait-il que la mémoire du marquis de Turbilly ait été jusqu'à ce jour mise en complet oubli par tous les historiens de notre Anjou ? Comment se fait-il que ni Bodin, qui recherchait avec tant d'ardeur toutes nos illustrations angevines ; ni M. Godard-Faultrier, notre honorable collègue, qui s'est efforcé de compléter les documents historiques rassemblés par ses devanciers ; ni M. F. Grille, ni M. Blordier-Langlois, et d'autres encore, ne nous aient entretenus ni du célèbre agriculteur de Volandry, ni de son château et de sa famille, et ce qui n'est pas moins étrange, ni des monuments qui paraissent dignes d'illustrer la contrée qu'il habitait jadis ?

Ce n'est pas tout encore, et le marquis de Turbilly semble avoir été destiné à prouver une fois de plus que l'on n'est jamais prophète en son pays. Les hommes de l'Anjou même qui ont écrit sur l'agriculture de notre pays, sont demeurés à leur tour muets à l'égard de leur illustre devancier. Un homme qui demeurait à quelques kilomètres seulement de la commune de Volandry, Deslandes, de Bazouges, près La Flèche, parle dans ses publications, et surtout dans sa *Petite encyclopédie des habitants de la campagne,* de tous les agriculteurs renommés de la contrée ; mais il se tait sur le marquis de Turbilly. Il en est de même de notre ancien collègue, O. Leclerc-Thouin, dont chacun de nous connaît et apprécie les études consciencieuses sur l'*Agriculture des départements de l'Ouest*; et du vénérable Besnard, qui nous a légué son volumineux manuscrit sur l'*Histoire et les pratiques de l'agriculture*.

Un dernier fait analogue et plus étrange encore, mérite assurément, Messieurs, de vous être signalé. En 1787, onze ans à peine après la mort du marquis de Turbilly, le célèbre agronome anglais Arthur Young vint en France étudier notre agriculture; et, plein d'admiration pour l'ouvrage et les travaux de notre compatriote, il voulut visiter en personne le pays où tant de merveilles avaient été opérées. Il s'adressa tout d'abord, à Angers, à M. Pocquet de Livonnière, alors secrétaire perpétuel de la Société d'agriculture de notre ville, et le pria de lui indiquer la partie de l'Anjou, où était situé le château de Turbilly. Le croirez-vous, Messieurs, le secrétaire de la Société d'agriculture d'Angers ne put donner aucuns renseignements utiles au voyageur anglais; il ne connaissait apparemment ni le nom, ni les travaux, ni les écrits d'un agronome qui, vingt ans auparavant, avait changé la face de toute une contrée voisine et avait rempli l'Europe entière de son nom.

Mais je ne puis résister, Messieurs, quelque longue déjà que soit cette notice, au désir que j'ai de vous lire, en terminant, le récit qu'Arthur Young fait lui-même de cet épisode de son voyage. Vous y trouverez des détails piquants sur notre Anjou, et sur l'état aussi où se trouvaient à cette époque le château de Turbilly et les travaux agricoles du marquis. Le pèlerinage du voyageur anglais fut d'ailleurs un hommage si flatteur à la mémoire de notre compatriote, que je devrais me reprocher, si je ne lui accordais toute l'importance dont il est digne, d'enlever en quelque sorte au marquis de Turbilly l'un des plus beaux fleurons de sa couronne.

Je prends le récit d'Arthur Young au 26 septembre 1787; il se trouve à ce moment à Ancenis, se dirigeant vers l'Anjou.

« Je passe, nous dit-il, à une scène de vendange : je n'avais pas été témoin de tous les avantages de ce pays-ci ; l'automne dernier, les grandes pluies rendaient la vendange bien triste. Maintenant tout est animé. Le pays est bien enclos. Superbe vue de la Loire, d'un village qui est le dernier de la Bretagne, et où il se trouve une grande barrière à travers la grande route, et des douanes pour fouiller tous ceux qui les franchissent. La Loire prend ici l'apparence d'un lac assez grand. On remarque des deux côtés une étendue de bois qui ne se retrouve pas toujours le long de cette rivière. La succession de villages, de clochers, de moulins à vent, et le développement de belles campagnes couvertes de vignes, font la gaîté et le charme de cet endroit. J'entre en Anjou par une longue suite de prairies. Je passe à Saint-Georges et prends le chemin d'Angers. Je quitte la Loire pendant trois lieues, et la retrouve à Angers (1). J'ai des lettres de M. Broussonnet ; mais il n'avait pu m'indiquer dans quelle partie de l'Anjou résidait M. le marquis de Turbilly. Voir la ferme de ce seigneur, où il a fait ces admirables améliorations dont il parle dans son ouvrage intitulé *Mémoire sur les défrichements*, était pour moi un objet si important, que j'étais déterminé à y aller, quelle qu'en fût la distance.

» Le 27 septembre. Parmi mes lettres, j'en trouvai une pour M. de Livonnière, secrétaire perpétuel de la Société d'agriculture d'Angers. Je fus informé qu'il était à sa maison de campagne de la Meignianne (la Meignanne), à deux lieues de la ville. Lorsque j'arrivai chez lui, il était à dîner avec sa famille, il n'était pas encore midi, j'aurais cru ne pas me trouver dans cet embarras ; mais son épouse et lui ne tardèrent pas à m'en tirer, en me priant sans affectation de partager avec eux la fortune du pot, et sans faire paraître le moindre embarras dans leurs regards, ou faire le moindre changement à leur table ; ils me mirent sur-le-champ à mon aise, en me faisant asseoir à un dîner assez ordinaire, mais

(1) Le voyageur anglais commet ici une erreur, bien pardonnable, en prenant pour la Loire, la rivière de la Maine qui traverse notre ville.

offert avec tant d'aisance et de gaîté, que je trouvai ce repas plus à mon goût que ceux des tables les plus splendides. Une famille anglaise, surprise ainsi, à la campagne, vous aurait reçu avec une hospitalité inquiète et une politesse pleine d'anxiété ; et après vous avoir fait attendre pour un dérangement précipité de nappe, de table , d'assiettes, de buffet, de pots et de broche, elle vous aurait peut-être donné un dîner si bon, qu'aucune personne de la maison, entre la fatigue et l'inquiétude, n'aurait pu vous accorder une seule parole de conversation ; et que vous vous seriez ensuite éloigné avec des souhaits sincères *que vous n'y revinssiez jamais.* Cette folie, si commune en Angleterre, ne se rencontre jamais en France. Les Français sont tranquilles chez eux et font les choses sans se gêner. M. de Livonnière conversa beaucoup avec moi sur le plan de mes voyages , qu'il loua extrêmement ; mais il trouva bien étrange que ni le gouvernement, ni l'académie des sciences, ni l'académie d'agriculture, ne payât la dépense de mes voyages. Cette idée est purement française ; ils ne peuvent concevoir qu'un particulier oublie ses affaires pour le bien public ; il ne put pas même me comprendre, lorsque je lui dis que tout était bien fait en Angleterre, excepté ce qui était fait avec l'argent public. Je fus extrêmement chagrin de ce qu'il ne put me donner aucune instruction sur la résidence de M. le marquis de Turbilly; car il eût été vraiment désolant pour moi de traverser toute la province sans trouver sa maison et d'apprendre ensuite que je n'en avais été qu'à quelques milles. Le soir, je retournai à Angers.

» Le 28, j'allai à La Flèche. Le château de Durtal, appartenant à la duchesse d'Estissac, est hardiment bâti au-dessus de la petite ville de ce nom, et sur les rives d'une charmante rivière, dont les bords formés de coteaux élevés, sont couverts de vignes. Le pays est gai, sec et agréable. Je demandai ici à plusieurs personnes le lieu de résidence du marquis de Turbilly, mais on ne put me l'enseigner. Dans les dix lieues d'Angers à La Flèche, la route est belle et l'on marche sur un doux gravier admirablement bien entretenu. La Flèche est une jolie petite ville, propre, assez bien bâtie, sur la rivière qui va à Durtal et qui est navigable ; mais le commerce n'est pas considérable. Mon premier soin, ici comme partout ailleurs dans l'Anjou, fut de m'informer de la maison du marquis de Turbilly. Je répétai mes demandes tant et si bien, que j'appris qu'il y avait un lieu peu éloigné de La Flèche, qu'on appelait Turbilly ; mais ce ne devait pas être là ce que je cherchais ; car il n'était pas habité par M. de Turbilly, mais par le marquis de Galway, qui avait reçu cette propriété de l'héritage de son père. Cela m'embarrassa de plus en plus ; et je renouvelai mes recherches avec tant d'anxiété, que plusieurs personnes durent me prendre pour un fou. A la fin, je rencontrai une vieille dame qui fut en état de résoudre cette difficulté ; elle m'apprit que Turbilly, à environ quatre lieues de la Flèche, était le lieu que je cherchais ; qu'il avait appartenu au marquis de ce nom, qui, à ce qu'elle croyait, avait écrit quelques livres ; que ce marquis était mort insolvable il y avait vingt ans, et que le père du présent marquis de Galway avait acheté la terre. Cela était suffisant pour mon objet ; je résolus le lendemain de prendre un guide, et réduit à l'impossibilité de voir le marquis, au moins de visiter le reste de ses travaux. Néanmoins j'éprouvai beaucoup de peine en apprenant qu'il était mort insolvable ; c'était un mauvais commentaire de son livre, et je prévis que, quelque fut le propriétaire actuel de Turbilly, il ne manquerait pas de tourner en ridicule l'agriculture qui avait fait la ruine de celui qui l'avait mise en pratique.

» Dès le lendemain matin j'exécutai mon projet ; mon guide était un homme avec de bonnes jambes, qui me conduisit à travers une suite de landes dont le marquis parle dans son ouvrage. Elles paraissent ici sans bornes, et l'on me dit que je pourrais voyager pendant bien des jours sans voir autre chose : quel vaste champ à l'amélioration, pour ne pas perdre tant de bien ! A la fin, nous arrivâmes à Turbilly, pauvre village, composé de quelques maisons éparses, dans une vallée, entre deux collines, qui ne sont couvertes que de bruyères. Le château est au milieu, avec des avenues de beaux peupliers qui y conduisent. Je ne puis exprimer le désir inquiet que je sentis d'examiner les plus petits détails de ces lieux; il n'y avait pas une haie, pas un arbre, pas un buisson qui ne me fut intéresrant ; j'avais lu la traduction du récit des améliorations du marquis dans l'*Agriculture* de M. Mills; je le regardais comme le plus intéressant morceau que j'eusse encore vu, longtemps avant de m'être procuré les mémoires originaux sur les défrichements, et j'étais résolu, en cas que j'allasse en France, d'examiner des améliorations dont la lecture m'avait fait tant de plaisir. Je n'avais ni lettre, ni recommandation pour le propriétaire actuel, le marquis de Galway; c'est pourquoi je lui dis la vérité telle qu'elle était; que la lecture de l'ouvrage de M. de Turbilly m'avait fait tant de plaisir que j'avais un violent désir de voir les améliorations qui y étaient décrites. Il me répondit sur le champ en bon anglais, me reçut avec tant de cordialité, de politesse et d'égards, à cause de l'objet de mon voyage, qu'il me rendit content de moi-même et conséquemment de tous ceux qui m'environnaient. Il ordonna un déjeûner à l'anglaise, commanda à un homme de nous accompagner dans notre promenade. Je désirai que ce fut le plus ancien laboureur du feu marquis de Turbilly ; je fus charmé d'apprendre qu'il y en avait un vivant, qui avait travaillé avec lui depuis le commencement de ses travaux. A déjeûner, M. de Galway, me présenta à son frère, qui parlait aussi anglais, et fut fâché de ne pouvoir me présenter à Madame de Galway, qui était en couches ; il me raconta ensuite la manière dont son père avait acquis la terre et le château de Turbilly. Son aïeul était venu en Bretagne avec le roi Jacques II, lorsqu'il s'était enfui d'Angleterre ; il y a des personnes de la même famille dans le comté de Corck, particulièrement à Lotta. Son père était célèbre dans cette province par ses connaissances en agriculture ; et pour récompense d'une amélioration qu'il avait faite dans les landes, les Etats lui avaient donné une vaste étendue de terre dans l'île de Belle-Isle, qui appartient maintenant à son fils.

» Apprenant que le marquis de Turbilly était ruiné, et que ses créanciers avaient mis sa terre d'Anjou en vente, il avait été la voir, et trouvant qu'on pouvait améliorer les terres, il l'avait achetée quinze mille louis (360,000 fr.) (1); prix très avantageux, quoiqu'il eut acheté aussi quelques procès avec la terre. Elle donne environ trois cents arpents de terre presque contiguë, la seigneurie de deux paroisses, haute justice, etc. Il s'y trouve un beau château, grand et commode, des servitudes complètes, et plusieurs plantations, ouvrage de l'homme célèbre que j'avais tant cherché.

» J'étais presque suffoqué lorsque je demandai comment un aussi grand cultivateur s'était ruiné? — Vous souffrez, me dit M. de Galway, de voir qu'un homme se soit ruiné en pratiquant un art que vous aimez tant! — Oui, lui dis-je; mais il me soulagea un moment, en ajoutant que si le marquis n'avait fait que le métier de cultivateur, il ne serait jamais ruiné. Un jour, en creusant pour trouver de la marne, sa mauvaise étoile lui fit rencontrer une veine de terre parfaitement blanche qui ne fermentait pas par le moyen de l'acide: il s'imagina que c'était une bonne terre pour faire de la porcelaine; il la montra à une manufacturier, qui la trouva excellente. L'imagination du marquis prit feu, et il conçut le projet de transformer le pauvre village de Turbilly en ville, par le moyen d'une manufacture de porcelaine. Il commença à faire travailler pour son compte, éleva des bâtiments, il rassembla tout ce qui était nécessaire, excepté les connaissances et les capitaux. A la fin, il fit de bonne porcelaine, fut trompé par ses agents et ses ouvriers, et finalement ruiné. Une manufacture de savon qu'il avait aussi établie, et quelques procès (2), contribuèrent également à son malheur: ses créanciers saisirent le bien, mais ils lui permirent de l'administrer jusqu'à sa mort, et alors ils le vendirent. La seule partie de la relation qui diminua mes regrets

(1) Nous avons vu que le prix d'adjudication n'avait pas été aussi élevé. Voir n° 18.

(2) M. de Galway n'insiste pas assez, selon nous, sur cette dernière cause.

fut qu'il n'avait pas laissé d'enfants, quoiqu'il fut marié, de sorte que ses cendres reposent en paix sans que sa mémoire soit attaquée par une postérité indigente.

» Ses ancêtres avaient acquis ce bien dans le xive siècle. M. de Galway me fit observer que les travaux d'agriculture n'avaient fait aucun tort à la fortune de M. de Turbilly ; ils n'étaient pas, dit-il, bien entendus ni bien soutenus; mais ils avaient amélioré le bien, et jamais il n'avait entendu dire qu'ils l'eussent mis dans aucun embarras. Je ne puis m'empêcher de remarquer ici à mon tour, qu'il semble qu'il y ait une fatalité pour les gentilshommes de campagne, quand ils veulent entreprendre le commerce ou les manufactures. Je n'ai jamais vu en Angleterre un propriétaire territorial, faire aucune entreprise de ce genre sans se ruiner, ou, s'il ne se ruinait pas, il détériorait considérablement sa fortune. Soit que les idées ou les principes du commerce aient quelque chose qui répugne aux sentiments qui doivent naturellement dériver de l'éducation, soit que la négligence habituelle des gentilshommes de campagne pour les petits gains et les petites épargnes, qui sont l'âme du commerce, leur rendent les succès impossibles, ou quelle qu'en soit la cause il n'en est pas moins vrai qu'il n'y en pas un sur mille qui réussisse,

» L'agriculture devrait rester leur seule industrie ; et quoique l'ignorance en rende quelque fois la pratique dangereuse; ils ne peuvent cependant, avec sûreté, entreprendre autre chose. Le vieux laboureur étant arrivé (il s'appelait Piron, et son nom le servira mieux, je pense, en agriculture qu'en intelligence), nous sortîmes pour aller fouler une terre qui était pour moi une espèce de terre classique. Je ne m'arrêtai que très peu sur les particularités. Elles sont beaucoup mieux exposées dans les *Mémoires sur les défrichements* qu'à Turbilly. Les prairies, même près du château, sont encore fort rudes ; mais les allées de peupliers dont il parle dans ses mémoires, sont à la vérité bien venues et font honneur à sa mémoire ; les arbres ont de soixante à soixante-dix pieds de hauteur et enclos par le pied, les saules sont aussi fort beaux. Pourquoi n'est-ce pas des chênes! afin de transmettre aux voyageurs agronomes du siècle à venir le plaisir que je ressens en voyant les peupliers plus périssables du siècle actuel ? La chaussée près du château a dû coûter bien du travail. Les mûriers sont négligés; le père de M. de Galway, n'aimant pas cette sorte de culture, en a détruit plusieurs, mais il en reste encore quelques centaines, et l'on m'a dit que les pauvres gens avaient fait jusqu'à vingt-six livres de soie, mais il ne s'en fait pas actuellement. Il y a près du château cinquante à soixante arpents de prés défrichés et améliorés, ils sont maintenant pleins de joncs, mais dans un pareil pays c'est fort bon. Près de ces prairies est un bois de pins de Bordeaux, semés il y a trente-cinq ans, ils valent maintenant cinq ou six livres la pièce.

» J'allai dans la partie marécageuse qui produisait les grands choux dont il fait mention ; elle a un bon fond, qui est susceptible d'amélioration. Piron m'informa que le marquis avait écobué et brûlé environ cent arpents en tout, et qu'il avait fait parquer deux cent cinquante moutons.

» A mon retour au château, M. de Galway, voyant que j'étais un enthousiaste en agriculture, chercha dans ses papiers un manuscrit du marquis de Turbilly, écrit de sa main, dont il eut la bonté de me faire présent et que je conserverai parmi mes curiosités d'agriculture. L'accueil honnête que j'ai éprouvé de la part de M. de Galway, et les égards qu'il avait eus pour l'objet que j'avais en vue, entrant dans mes recherches, m'auraient fait accepter avec bien du plaisir son invitation de passer quelques jours avec lui, si je n'avais craint que le temps où madame de Galway était en couches ne fût pas favorable, et qu'une visite si inattendue ne fût incommode; c'est pourquoi, sur le soir, je pris congé et retournai à La Flèche par une autre route. »

Je m'arrête, Messieurs, avec le récit que vient de nous faire l'illustre agronome anglais. S'il nous laisse, par ses réflexions, quelques sentiments de tristesse, nous nous rappellerons du moins que les témoignages les plus honorables et les plus flatteurs ont couronné le zèle et consacré les succès du citoyen recommandable dont j'ai voulu vous entretenir. L'oubli où il est resté pendant quelque temps parmi nous n'a point effacé ses droits à notre reconnaissance. J'ai été heureux de m'en rendre l'interprète, à défaut d'une voix plus digne de le louer, et notre Société, je n'en puis douter, s'empressera de s'associer à mes efforts pour rendre hommage à celui que l'un de ses contemporains nommait à juste titre l'un des bienfaiteurs de notre pays.

Pièces justificatives.

Je me suis efforcé, depuis un temps assez considérable, de rassembler tous les documents épars qui pouvaient m'éclairer sur la vie et les travaux du marquis de Turbilly. Tandis que je m'occupais moi-même de ces recherches, j'ai dû m'adresser à la complaisance de tous ceux de mes collègues et de mes honorables correspondants, que j'ai pu croire en situation de me fournir d'utiles renseignements. Leur empressement à tous m'a servi au delà même de mes espérances, et j'ai pu me procurer ainsi la connaissance d'un grand nombre de faits dont l'ensemble a puissamment concouru à l'intérêt que peut comporter cette notice,
Je voudrais pouvoir reporter à chacun le mérite qui lui est dû, et indiquer en détail les diverses sources auxquelles il m'a été donné de puiser. J'ai essayé de le faire en partie, en publiant ces pièces justificatives, à la suite desquelles j'indique autant que possible celui de mes savants correspondants à qui j'en dois la communication. Toutefois j'éprouve le besoin de réunir ici leurs noms à tous, et de leur exprimer mes vifs remerciements et ma reconnaissance. La plupart d'entre eux appartenaient déjà à la Société dont j'ai l'honneur d'être le président, et qui a bien voulu accueillir mon travail avec faveur ; quelques autres, avec qui cette occasion m'a créé les plus précieuses relations, ont été par la même Société inscrits sur ma présentation au nombre de ses membres correspondants. Je crois avoir ainsi produit un résultat doublement utile, et je crois devoir m'en féliciter à tous les égards.

Parmi les premiers, il me faut citer M. P. Marchegay, archiviste du département de Maine et Loire ; M. Lambron de Lignim, de Tours ; M. Th. Jubin, membre titulaire de notre Société ; MM. Louis Vilmorin, de la Société centrale d'agriculture ; Ed. Moll, Alexis Chevalier, nos correspondants à Paris ; M. Fazy-Pasteur, membre honoraire à Genêve.

Parmi les seconds, je trouve en première ligne M. Salmon père, propriétaire à La Flèche, qui s'est livré sur les lieux mêmes aux plus fructueuses recherches, et dont le fils a pris soin de faire du château même de Turbilly, un dessin dont je joins ici la reproduction ; M. Robert d'Erlach de Hindelbanck, riche agronome de grand mérite, du canton de Berne, et des plus distingués de la Suisse, qui m'a fourni les renseignemens les plus intéressants sur la correspondance de Turbilly avec la Société économique de Berne.

Je ne puis me dispenser encore de témoigner ici ma reconnaissance à M. l'abbé Chevallier, vicaire de la paroisse de Volandry, qui a bien voulu compulser avec un soin extrême les anciens registres de la commune et les archives mêmes du château de Turbilly ; je lui dois ainsi la communication de documents de l'intérêt le plus élevé et le plus précis, et qui, sur beaucoup de points, avaient le mérite d'être presque complets.

Cette publication des pièces justificatives m'a paru indispensable pour confirmer l'authenticité des faits racontés dans cette notice ; je me suis fait un devoir d'en extraire tout ce qui m'a semblé utile ; leur texte même ne pourra que fournir de plus amples détails et servir peut-être à de nouvelles explorations.

N° 1.

Aujourd'hui, onzième du mois d'août mil sept cent dix-sept, messire Louis-François-Henri de Menon de Turbilly, est né au château de Fontenaille, paroisse d'Ecommoy, au pays du Maine, et baptisé trois jours après en l'église d'Ecommoy, lequel Louis-François-Henri de Menon de Turbilly est fils de haut et puissant seigneur messire Louis-Philippe de Menon, chevalier, seigneur marquis de Turbilly, Chasloux, le grand Boislanfray et autres lieux, colonel d'infanterie, chevalier de l'ordre militaire de Saint-Louis, et de haute et puissante dame Marie-Anne de Gouyn de Chapizeaux, veuve de Jacques, chevalier, seigneur de la Borde, de la Grifferie, de Luché et autres lieux, lieutenant du roi en sa province d'Anjou.

(Extrait du registre des actes civils de la commune de Volandry, par M. l'abbé Chevallier.)

N° 2.

Le vingt-deux juin mil sept cent seize, ont reçu la bénédiction nuptiale dans la chapelle de Fontenailles, paroisse d'Ecommoy, diocèse du Mans, haut et puissant seigneur messire Louis-Philippe de Menon, chevalier, seigneur marquis de Turbilly et autres lieux, colonel d'un régiment de son nom, fils de défunt haut et puissant seigneur messire François-Urbain de Menon, chevalier, seigneur comte de Turbilly, de Brestaux et autres lieux, vivant capitaine d'une compagnie de chevau-légers d'ordonnance, et de puissante dame Louise de Picher, demeurant en son château de Turbilly, de cette paroisse, et haute et puissante dame, Marie-Anne de Gouyn de Chapizeaux, veuve de haut et puissant seigneur messire Henri-Madelon de Jacques, chevalier seigneur de la Grifferie et de la Borde, vivant lieutenant et commandant pour le roi en sa province d'Anjou, demeurant au château de la Grifferie, paroisse de Luché, diocèse du Mans, fille de haut et puissant seigneur messire Louis de Gouyn de Chapizeaux, marquis de Fontenaille et autres lieux, brigadier des armées du roi et y vivant enseigne d'une des compagnies des gardes du corps de Sa Majesté, et de haute et puissante dame, Marie du Bourg, dame de Gaudigné et autres lieux, épouse dudit seigneur Louis de Gouyn de Chapizeaux, marquis de Fontenaille.

(Ibidem.)

N° 3.

GÉNÉALOGIE DES SEIGNEURS DE TURBILLY.

1° (1441) JEAN DOS-DE-FER, le jeune.

J'ai dit que le plus ancien des seigneurs de Turbilly était Jean Dos-de-Fer. Je puis faire remonter sa possession de la terre de Turbilly à l'année 1441, d'après un titre de cette époque tiré des archives actuelles du château, qui le représente faisant *la division des landes de Turbilly d'avec celles du duc d'Alençon, sur le rapport de la populace desdits lieux.*

La famille Dos-de-Fer paraît avoir existé quelque temps en Anjou, car on trouve dans les remarques sur la vie de Guillaume Ménage, page 470, un Hervé de Pincé, fils de Pierre de Pincé et de Guillelmine Dos-de-Fer, frère de Jean de Pincé, maire d'Angers en 1511, et lieutenant criminel en la même ville; et page 476, un Jean Breslay, sieur de la Corbinière, mari en premières noces de Jeanne Dos-de-Fer, fille de Dos-de-Fer, sieur de la Gauleraie.

2° JEAN DE MENON, seigneur de Saint-Martin de la Plaigne, époux de Perrine ou Pétronille Dos-de-Fer, fille du précédent.

3° PIERRE II DE MENON, fils du précédent, époux de Marie de Jamelot.

4° FRANÇOIS Ier DE MENON, fils des précédents, époux de Marie de la Roussière de Mathefton.

5° FRANÇOIS II DE MENON, fils des précédents, mort le 10 décembre 1600.

Il épousa en 1556 Anne de la Trémouille, dame de la Bresche, de Grands-Gorges, de Sébouville en Gatinois et de partie de Sully-sur-Loire; leurs enfants : 1° François, qui fut seigneur de Turbilly à la mort de son père; 2° Anne, qui, le 8 juin 1622, épousa François de Salmon du Chastellier.

6° (de 1600 à 1627 environ) FRANÇOIS III DE MENON, fils des précédents, mort vers l'année 1627.

Il épousa Magdelaine de Maillé de la Tour-Landry, dame de la Cornuaille, qui mourut le 28 septembre 1627.

Leurs enfants sont : 1° François, qui succéda à son père dans la seigneurie de Turbilly, (voir le n° 7 qui suit) ; 2° Urbain, qui succéda à son frère, (voir le n° 8); 3° Charles, né le 20 décembre 1602 et mort le 19 avril 1603 ; 4° enfin, Magdeleine, sur laquelle les actes civils de Volandry ne donnent pas d'autres détails que de la faire figurer comme marraine de plusieurs enfants du pays.

7° (de 1627 à 1647 ou 1648), FRANÇOIS IV DE MENON, fils des précédents, mort vers cette dernière époque.

Il épousa Jacqueline de la Brière, qui mourut vers l'année 1667 et en eut cinq enfants : 1° Marie, baptisée le 16 août 1633; 2° René, baptisé le 23 janvier 1635 ; 3° Pierre-Urbain, baptisé le 18 novembae 1637; 4° Louis, baptisé le 22 juin 1639; 5° Jeanne, née le 9 juin 1641, baptisée le 29 juin 1642.

Je ne sais par quel événement, la terre et seigneurie de Turbilly, à la mort de François IV, passa à son frère Urbain; il est supposable que ses enfants, les mâles au moins, étaient décédés avant lui.

8° (de 1648 à 1656), URBAIN de MENON, frère du précédent, et qui mourut en cette année 1656.

Il épousa Marie de Chaunay, dame de Chabannais, de Chéronnes et de Saint-Georges-du-Rozay, dont il eut pour enfants : 1° Urbain François, qui lui succéda ; 2° Marie, dont on ignore le sort ; 3° Elisabeth, née le 14 décembre 1649, et qui épousa, le 2 mai 1669, de Vimeux de Rochambeau ; 4° enfin, Jacqueline, qui figure dans quelques actes civils de Volandry.

9° (de 1656 à 1673), URBAIN FRANÇOIS de MENON, qui, le 6 juillet 1665, rendit hommage de la seigneurie au roi Louis XIV. Il mourut le 12 de mars 1673, *en Allemaigne, au service du roy, à cause de la guerre qu'il a encore de présent avec les Hollandais*, dit l'acte de décès de sa fille Louyse, dont il est question ci-après.

Il épousa Louyse de Picher, et en eut plusieurs enfants : 1° Louis-Philippe qui lui succéda ; 2° Louyse, née en 1662, morte le 26 août 1673 ; 3° Charles, qui fut marié à Marguerite Chauvelin, laquelle devenue veuve, épousa, le 12 novembre 1687, Louis de la Pivardière, seigneur du Bouchet, du Plessis, de la Pivardière et Narbonne ; 4° Louis-Henri, marié en secondes noces à Henriette-Antoinette de Quatre-Barbes, fille aînée de Hyacinthe, vicomte de la Rongère, chevalier du Saint-Esprit.

10° (de 1673 à 1737), LOUIS-PHILIPPE de MENON, chevalier de l'ordre royal et militaire de Saint-Louis, inspecteur général d'infanterie et maréchal des camps et armées du roi, mort le 2 février 1737.

Il épousa, le 22 juin 1716, Anne de Gouyn de Chapizeaux, veuve de Jacques, chevalier, seigneur de la Borde, de la Grifferie, de Luché et autres lieux, lieutenant du roy en la province d'Anjou. Leurs enfants furent : 1° Louis-François-Henri, qui suit ; 2° un enfant mâle, ondoyé le 13 avril 1720, qui ne paraît pas avoir vécu.

11° LOUIS-FRANÇOIS-HENRI, qui fait le sujet de cette notice.

Les armes des seigneurs de Turbilly, au XVIIe siècle, portent *d'argent, au chardon de sinople, fleuri de gueules, soutenu d'un croissant de même, le chardon feuillé en bas est posé en pal.*

(Ces divers renseignements ont été puisés aux sources suivantes : Mémorial général ou registre de la noblesse de France, par d'Hozier père et fils. — Généalogie historique de France, par le Père Anselme. — Maintenues de la Généralité de Touraine, Anjou et Maine, en 1666 et suiv., — manuscrit de l'abbé Goyet, de la collection de M. Lambron de Lignim, de Tours. — Actes de l'état civil de la paroisse de Volandry.—Notes de M. Salmon père, de La Flèche.)

N° 4.

Extrait d'une note inscrite sur le registre des actes de la paroisse de Volandry pour 1735.

« .... Turbilly, comme il est constant à présent, est très moderne, puisque ce fut François de Menon et Magdelaine de la Tour-Landry, qui le firent réparer ou raccommoder en l'état où il est. Ce furent eux qui firent faire le pavillon d'entrée, le pont-levis, le pavillon neuf qui est au bout de la salle du côté du jardin, et la salle qu'ils firent élever ; c'est pourquoi on voit leurs armes sur la porte d'entrée de la salle et du pavillon du pont-levis. L'année que tout cela fut parachevé fut mise en chiffres sur la face d'entrée du pavillon du pont-levis ; mais M. de Turbilly, dit-on, enflé et orgueilleux de sa noblesse, la publiant partout une des plus anciennes, a fait biffer exprès et à dessein le chiffre de l'année que ces bâtiments, ou pour mieux dire, que ce château fut bâti.

» Voyez les armes dudit François et de ladite dame de la Tour-Landry sur la porte d'entrée de la salle et sur le frontispice du pavillon du pont-levis, et l'épitaphe qui est à côté de la table de communion de cette église, et vous connaîtrez que je n'avance et ne dis rien qui ne soit véritable ; l'épitaphe marque qu'en mil six cent vingt-cinq, mourut ladite dame de la Tour-Landry....

» On m'a dit aussi et assuré que les seigneurs de Turbilly n'ont jamais été fondateurs de Volandry, parce que leurs ancêtres étaient originairement calvinistes. Pour moi, je pense que leur extraction de noblesse est, ou environ, du siècle du roi René, qui établit, en l'église de Saint-Maurice d'Angers, l'ordre du Croissant. »

(Communiqué par M. l'abbé Chevallier.)

N° 5.

« Le treize avril mil sept cent vingt, nous, curé, soussigné, avons ondoyé sur les fonts baptismaux de notre église, par la permission à nous accordée par M. Gelot, vicaire général de Mgr l'Évêque d'Angers, en date du treize février de la présente année, un enfant mâle, fils de haut et puissant seigneur messire Louis-Philippe de Menon, chevalier, seigneur marquis de Turbilly, Chaloux, Grand-Bois-Lanfré et autres lieux, colonel d'infanterie, chevalier de l'ordre militaire de Saint-Louis et brigadier des armées du roi, et de haute et puissante dame Marie-Anne de Gouyn, son épouse, veuve de Messire Jacques, seigneur de la Borde, de la Grifferie, de Luché et autres lieux, lieutenant du roi en la province d'Anjou; en présence de Messire Gabriel de Gouyn, écuyer, seigneur chevalier de Chapizeaux, capitaine au régiment du roi, infanterie, de messire Pierre de Jussan, écuyer du roi.

Signé : Gabriel de Gouyn, chevalier de Chapizeaux; Pierre Jussan, et Chauvin, curé. »

(Idem.)

N° 6.

Le 31 mai 1723, en comparaissant devant la sénéchaussée d'Angers, comme fondé de procuration du seigneur prince de Montauban, pour sa seigneurie de Briollay, il ajoute à ses titres celui de *brigadier des armées du roi, colonel d'infanterie*, etc....

(Extrait des archives de la Préfecture de Maine et Loire ; note communiquée par M. Marchegay, archiviste.)

N° 7.

« Le douze septembre 1727, a été baptisé Louis-Basile-Jacques, né du jour d'hier, fils de honorable Jacques Franche, huissier royal, et de Françoise Jamin, veuve d'Etienne Gandon, sa femme. Ont été parrain : messire Basile de Montigny, chevalier, capitaine d'infanterie, commissaire des guerres, sous-inspecteur des milices, demeurant à Paris; et marraine : haute et puissante dame Elisabeth Rouiller de Beauvois, épouse de haut et puissant seigneur, messire Louis-Philippe de Menon, chevalier, seigneur marquis de Turbilly, brigadier des armées du roi, inspecteur général d'infanterie, mestre de camp et chevalier de l'ordre militaire de Saint-Louis, demeurant en son château de Turbilly, en cette paroisse.

» *Signé* : Elisabeth Rouiller de Turbilly; Basile de Montigny, le marquis de Turbilly, et Chauvin, prieur. »

(Reg. des actes de Volandry, comm. par M. l'abbé Chevallier.)

N° 8.

« Le second jour de février 1737, a été inhumé par nous prieur curé, soussigné, le corps de haut et puissant seigneur messire Louis-Philippe de Menon, chevalier, seigneur marquis de Turbilly, ancien brigadier des armées du roi, inspecteur général des milices, mestre et maréchal de camp d'infanterie, chevalier de l'ordre royal et militaire de Saint-Louis, seigneur de cette paroisse et de celle de Clefs, âgé d'environ soixante-six ans, en présence de M. Michel-René Pineau, vicaire de cette paroisse.

Signé : Pineau ; Boizard. »

(Ibidem.)

N° 9.

Greffe du Tribunal de première instance de Baugé.

Du registre de l'état-civil de la commune de Volandry pour l'année mil sept cent quarante-neuf,

a été extrait ce qui suit :

Le lundi 20 mars 1749. Extrait des registres de mariages de l'église paroissiale de Saint-Gervais, à Paris, pour l'année 1749.

Le lundi vingt mars, haut et puissant seigneur, messire Louis-François-Henri de Menon, chevalier, seigneur marquis de Turbilly et autres lieux, chevalier de l'ordre royal et militaire de Saint-Louis, lieutenant-colonel de cavalerie et major du régiment Royal-Roussillon, cavalerie, âgé de trente-deux ans, de la paroisse de Saint-Nicolas-des-Champs, rue de Vendôme, ci-devant de la paroisse de Volandry, diocèse d'Angers, sa demeure ordinaire, fils des défunts haut et puissant seigneur, messire Louis-Philippe de Menon, chevalier, seigneur marquis de Turbilly et autres lieux, chevalier de l'ordre royal et militaire de Saint Louis, inspecteur général d'infanterie et maréchal des camps et armées du roi, et de haute et puissante dame Marie-Anne de Gouyn de Chapizeaux :

Et demoiselle Marie-Félicité Midy, âgée de vingt ans, de fait de cette paroisse depuis plus d'un an, vieille rue du Temple, et de droit, de la paroisse de Saint-Nicolas-des-Champs, rue Saint-Martin, domicile de son tuteur, fille des défunts messire Denis-Claude Midy, écuyer, conseiller du roi, auditeur honoraire en la Chambre des comptes de Paris, et de dame Marie-Jeanne Le Marchand. Après avoir été fiancés, et qu'un banc a été canoniquement publié en cette église, en celle de Saint-Nicolas-des-Champs et en celle de Volandry, diocèse d'Angers, sans opposition, et qu'ils ont obtenu la dispense de la publication des deux autres tant d'Angers que de Paris et du temps prohibé, celle d'Angers, en date du treize de ce mois, signée de l'abbé de Monteclère, vicaire général, insinuée le même jour par Pellé; celle de Paris, en date du dix de ce mois, signée † Chris. archevêque de Paris, insinuée le dix-huit par Chauveau, ont été mariés et ont reçu la bénédiction nuptiale, vu les lettres de la chancellerie du Palais, en date du trois septembre mil sept cent quarante-sept, sur la sentence de M. le lieutenant civil, du 16 septembre de la même année, qui nomme la personne de maître Antoine-Pierre Levasseur, avocat en parlement de la paroisse de Saint-Nicolas-des-Champs, rue Saint-Martin, pour tuteur de ladite demoiselle épouse, présents : haut et puissant seigneur, messire Marc-Antoine-François Le Pellerin, chevalier, marquis de Gaveille et de la Charte, maréchal des camps et armées du roi, commandant au bataillon du régiment des Gardes-Françaises, chevalier de l'ordre royal et et militaire de Saint-Louis, demeurant rue Neuve-des-Petits-Champs, cousin dudit sieur époux; messire Ange-François Perrotin de Barmond, seigneur de Barmond-Trecy, le Haut-Trecy, le Bas et autres lieux, chevalier de l'ordre du roi, son cousin, maître ordinaire en la Chambre des comptes de Paris et garde des registres du contrôle général des finances, de cette paroisse, vieille rue du Temple, ami dudit sieur époux, le tuteur de ladite demoiselle épouse, Antoine-Augustin Bouillard, fermier général des domaines du Clermontois, de la paroisse de Saint-Nicolas-des-Champs, rue Saint-Martin, cousin de la demoiselle épouse, lesquels et autres présents ont signé le présent acte avec François, feu curé de Saint-Gervais. Collationné à l'original par moi prêtre docteur de Sorbonne, et vicaire de ladite paroisse à Paris, le vingt-sept septembre mil sept cent quarante-neuf, Villetard. Nous soussigné, vicaire gé-

néral de Monseigneur l'Archevêque de Paris, certifions que
le sieur Villetard, qui a signé ci-dessus, est tel qu'il se
qualifie, et que foi doit être ajoutée à son seing partout où
besoin sera. Donné à Paris le vingt-sept septembre mil
sept cent quarante neuf, de Faramont, vicaire-général. Par
mandement, Jardin. Nous prieur, curé de la paroisse de
Volandry, soussigné, avons enregistré le présent extrait de
mariage pour y avoir recours toutefois et quand besoin
sera, le trente un décembre mil sept cent quarante-neuf.
Le registre est signé : R. Courau.

(Copié au greffe du tribunal de Baugé.)

N° 10.

« Le vingt-sixième jour d'août 1673, décéda demoiselle
Louise de Menon, fille de défunt haut et puissant seigneur,
messire François-Urbain de Menon, vivant seigneur comte
de Turbilly, décédé le douzième mars de la présente année,
en Allemagne, au service du roi, à cause de la guerre qu'il
a encore de présent contre les Hollandais ; et de haute et
puissante dame Louise de Picher, épouse dudit seigneur
comte, ladite demoiselle âgée d'onze ans, et fut inhumée
ledit jour 20 août 1673 dans la cave qui est sous le chœur de
l'église de céans, par moi, curé, soussigné ; Beichu. »

(Registre de Volandry, par M. l'abbé Chevallier.)

N° 11.

Extrait des registres de Parlement.

Vu par la Cour les lettres-patentes du roy données à Versailles au mois de may mil sept cent cinquante, signées
Loüis, et plus bas, par le roy : Phelipeaux, et scellées du
grand sceau de cire verte en lacs de soye rouge et verte,
obtenues par le sieur Loüis-Françoys-Hanry de Menon de
Turbilly, chevallier de l'ordre militaire de Saint-Loüis, major du régiment royal de Roussillon-cavallerie au rang de
lieutenant-colonel, par lesquelles pour les causes y conte-
nües, ledit seigneur roy aurait uni et incorporé les chastellenies, fiefs, terres et seigneuries, justices et jurisdictions
de Turbilly, landes et perrières dudit lieu Vaulandry, Mau-
guêvre, Grandboislaufray, Chasloux, Chauminard, Breil,

Fauchard, Launay-Joumier, Bridier, la Massonnière, la cour de Vaulandry aliàs la Pouillerie, la Grange et la Ferandière, circonstances et dépendances pour le tout ne faire et composer à l'avenir qu'une seulle et même terre et seigneurie, justice et jurisdiction, laquelle ledit seigneur roy auroit créée, érigée, décorée et élevée en titre, nom, prééminence et dignité de marquisat, sous la dénomination de Turbilly, pour estre à l'avenir mouvant et relevant dudit seigneur roy à cause de ses châteaux de La Flèche et de Baugé, à une seulle foy et hommage, droits et devoirs acoutumés, et des droits et devoirs si aucuns sont deubs à d'autres qu'à luy, tenus et possédés audit nom, titre et dignité de marquisat par ledit impétrant et ses enfants, postérité et descendants masles nés et à naître en légitime mariage, seigneurs et propriettaires de ladite terre, seigneurie et marquisat. Veut et luy plaît qu'ils puissent se dire et nommer et qualifier marquisat de Turbilly en tous actes, tant en jugement que dehors, qu'ils fassent exercer la justice et jurisdiction dudit marquisat au bourg de Turbilly, à l'effet de quoy sera basti, si fait n'a esté, un lieu convenable pour tenir l'auditoire; pour l'exercice de laquelle justice et jurisdiction ils établiront les officiers nécessaires et en nombre suffisant, et qu'ils jouissent des mêmes honneurs, armes, blasons, droits, prérogatives, autorité, prééminences en fait de guerre et assemblées, états, et de noblesse et autres avantages et privilléges dont joüissent ou doivent joüir les autres marquis de son royaume, encore qu'ils ne soient cy particulièrement exprimés; que tous vassaux, arrières-vassaux, justiciables et autres tenants noblement ou en roture les biens mouvants ou dépendances du dit marqnisat de Turbilly, le reconnaissent pour marquis, qu'ils fassent leurs foys et hommages, fournissent leurs avœus, déclarations et dénombrements (le cas y échéant) sous lesdits noms, titre et qualité de marquis de Turbilly; et que les officiers exerçant la justice et jurisdiction dudit marquisat, intitullent leurs sentences, jugements et autres actes audit nom, titre et qualité de marquis. Et auroit permis audit sieur marquis de Turbilly d'établir prisons, fourches patibulaires à quatre pilliers où bon luy semblera en l'étendue dudit marquisat; un cep ou pillier à carcan audit lieu où s'exercera la justice ou jurisdiction, où ses armoiries pourront être empreintes sans touttes fois aucun changement ny mutation de ressort ny de mouvance, augmentation de justice et connaissance des cas royaux, qui appartient à ses baillifs et à ses sénéchaux, et sans que pour raison de la présente création, l'impétrant marquis de Turbilly, ses enfants et descendants soient tenus envers ledit seigneur roy et leurs vassaux et tenanciers, envers eux à autres et plus grands devoirs et droits que ceux dont ils sont actuellement tenus. Ny qu'au deffault d'hoirs masles nés en légitime mariage, il puisse ou les roys ses successeurs prétendre laditte terre, seigneurie et marquisat, circonstances et dépendances estre réunie à sa couronne, nonobstant tous édits, déclarations, ordonnances et réglements à ce intervenus, et notamment l'édit du mois de juillet 1566 auquel il auroit dérogé pour ce regard seullement, sans rien innover aux droits et devoirs qui pourraient estre deubs à d'autres qu'à luy (si aucuns y a) à la charge touttes fois par ledit sieur de Menon, marquis de Turbilly, impétrant, ses enfants et descendants, seigneurs propriétaires de ladite terre, seigneurie et marquisat, de relever de lui à une seulle foy et hommage, et de luy payer et aux roys, ses successeurs, les droits ordinaires et accoutumés, si aucuns sont deubs pour raison de la dignité de marquis, tant que laditte terre et seigneurie s'en trouvera décorée, et qu'au deffaut d'hoirs masles, ladite terre et seigneurie retournera au même et semblable état qu'elle estoit avant ces préentes lettres. Et sera tenu ledit impétrant de faire au dit seigneur roy les foy et hommage pour raison dudit marquisat, sans estre obligé de donner ses avœus aux termes des us et coutumes de la province et duché d'Anjou (s'il y a satisfait), pour chacun desdits fiefs en particulier, relevant dudit seigneur roy dont auquel il l'auroit relevé et dispensé pour cette fois et sans tirer à conséquence, ainsi qu'il est plus au long contenu ès dittes lettres-patentes à la Cour adressantes, un arrest de la Cour du 25 juin 1750, rendu sur les conclusions du procureur-général, par lequel la cour avant de faire droit, a ordonné que d'office à la requête du procureur-général du roy, il seroit informé par devant le lieutenant-général du Chasteau-du-Loir, lequel pourroit se transporter partout où besoin seroit, même hors de son ressort, poursuite et diligence du substitut du procureur-général du roy audit siége, de la commodité ou incommodité que peut apporter l'union et incorporation des chastellenies, terres, fiefs et seigneuries, justices et jurisdictions de Turbilly, landes et perrières dudit lieu, Vaulandry, Mauguesvre, Grand Boislanfray, Chasloux, Breil, Chauminard et Fauchard, Launay-Joumier, Bridier, la Massonnière, la Hardoüinière, Fauvelinière, la Talbotière, la cour de Vaulandry, aliàs la Pouillerie, la Grange, la Ferandière, circonstances et dépendances, pour le tout ne faire et composer à l'avenir qu'une seulle et même terre, seigneurie, justice et jurisdiction, laquelle est créée, érigée, décorée et élevée au titre de marquisat, sous la dénomination de Turbilly, pour faire exercer la justice et jurisdiction dudit marquisat au bourg de Turbilly, avec la permission d'établir prisons, fourches patibulaires à quatre pilliers, où bon sembleroit au suppliant, en l'étendue dudit marquisat, un cep, ou pillier à carreau audit lieu où s'exerce la justice ou jurisdiction. Qu'il sera informé ensemble du revenu des terres et seigneuries en quoy il consiste, et qu'à cet effet le suppliant seroit tenu de reporter en la cour tous les baux des revenus d'icelles depuis les trois dernières années. Ensemble les derniers avœus et dénombrements communiqués aux seigneurs des terres et seigneuries voisines desdits fiefs et terres qui composent ledit marquisat de Turbilly. Ensemble aux juges, vasseaux et justiciables des dites terres et seigneuries érigées en marquisat, convoqués en la manière accoutumée pour y donner tous leurs avis et consentement, ou y dire autrement ce qu'ils aviseront bon estre, pour le tout fait, rapporté et communiqué au procureur général du roy prendre telles conclusions que de raison, et par la cour ordonner ce qu'il appartiendroit; une sentence du lieutenant-général en la sénéchaussée et siège royal du Château-du-Loir, en datte du 5 septembre 1750, contenant son acceptation de la commission à luy adressée par l'arrêt cy-dessus énoncé, et son ordonnance pour l'exécution d'iceluy. L'information faitte par ledit lieutenant-général des 15 et 16 septembre 1750, composée de dix-sept tesmoings, qui ont tous déposé de l'avantage desdites réunions de fiefs et création d'iceux en marquisat, dont le revenu peut valloir environ dix, unze à douze mille livres par an, consistant en rentes foncières, féodalles, hazards de fiefs et autres droits, tant en argent, grains et volailles, et qui peuvent monter à peu près à la somme cy-dessus exprimée. Les quatrième, sixiesme, septiesme, huitiesme, neufviesme, dixiesme, unziesme, quatorziesme et dixsptiesme témoings aiant déposé en outre que les terres, fiefs et autres biens de la ditte terre sont tenus à colonie partière, suivant l'usage de la province d'Anjou. Un acte de foy et hommage, avœu et dénombrement du 3 septembre 1446, rendu à René, roy de Jérusalem et Cicile, duc d'Anjou, à cause de son chasteau et chastellenie de Baugé, pour la terre, fief et seigneurie de Boislanfray par Jean de Boislanfray, écuyer. Une copie collationnée d'une permission du roy Loùis unze, donnée à Chinon, au mois de janvier 1464, de faire fortifier le château de Turbilly en faveur de Jean Dos-de-Fer, écuyer, sieur du dit lieu. Un autre acte de foy et hommage, avœu et dénombrement rendu à René d'Alençon, pair de France, seigneur de Baugé, de la terre, fief et seigneurie de Boislanfray, par Marguerite l'Enfant, veuve de Jean de Boislanfray, au nom nom de son fils aisné, mineur, en datte du 30 juin 1519. Un autre avœu du 24 novembre 1546, rendu à Agathe Debeuf, dame du fief de Liége, par Michel de la Fraye, écuyer, au nom et comme curateur de René de la Fraye, fils de Jean de la Fraye, sieur de Loys-les-Cendres et du fief du procès de Chauminard, pour raison dudit fief du procès de Chauminard. Un autre avœu rendu par Pierre de Mailly, sieur du Breil, à Jean Dureil, seigneur dudit lieu et de la Barbée, pour raison du lieu du Breil à foy et hommage simple et un cheval de service, évalué à cinquante sols, en datte du 11 juin 1526. Un contract d'acquisition de la terre de Launay par François de Menon de Turbilly, du prince de Guéméné, en datte du 4 avril 1618. Un autre avœu, rendu le 2 octobre 1627, par Thomas le Loys, marchand, demeurant à la Brunetière, paroisse de Cré, rendu au sieur Sigonneau de la Perdrillière et de la Fauchardière, tant pour raison du fief Bridier que pour un quart d'hommée de pré, situé en la paroisse de Cré. Un autre acte de foy et hommage et avœu, rendu le 11 juin 1665 au sieur Honorat de Sigonneau, écuyer, sieur de la Perdrillière et du fief et seigneurie de la Fauchardière, à cause dudit fief de la Fauchardière, situé dans le bourg et paroisse de Vaulandry, faisant partie de ma terre, fief et seigneurie de GrandboisLanfray, en la paroisse de Cré. Un autre avœu et dénombrement rendu le 6 juillet 1665 au sieur René de la Varenne, marquis de Poix, seigneur du fief et seigneurie de la Garde-Champmaillard, rendu par François-Urbain de Menon, chevalier seigneur de Turbilly, fils aisné et principal héritier de deffunt Urbain de Menon pour raison de la terre, fief et seigneurie de Chasloux, relevant de ladite terre et seigneurie de Champmaillard. Un autre avœu et dénombrement, rendu au roy Loüis quatorze, par

5

François-Urbain de Menon, fils aisné et principal héritier d'Urbain de Menon, qui était fils aisné de François de Menon, chevallier de l'ordre du roy et seigneur de Turbilly, pour son chasteau, terre, fief et seigneurie du-dit Turbilly, droits et prérogatives qui en dépendent, situé en la paroisse de Vaulandry, païs d'Anjou, à cause du château et seigneurie de Baugé et de la baronnie de La Flèche, le tout situé en la province d'Anjou, pour lesquelles il y avoit contestation et procès alors en la Cour. Entre les substituts du procureur-général du roy ès siéges de Baugé et de La Flèche, pour sçavoir duquel des deux siéges relevoit laditte terre de Turbilly, offrant comme le dit François de Menon, son ayeul, avoit cy devant fait d'obéir à celuy des deux siéges qui seroit par la Cour ordonné, ledit acte étant sans datte. Un autre aveu et dénombrement rendu au sieur Jacques Le Féron, écuyer, seigneur de la Barbée, de la Garde-Champmaillard, par François de Menon, chevallier de l'ordre du roy, pour raison de sa terre, fief et seigneurie de Chailloux, relevant de laditte terre de la Barbée, en datte du........ Un acte de foy et hommage rendu au roy, pardevant les officiers de la chambre des comptes de Paris, du 28 avril 1741, par ledit sieur Loüis-François-Hanry de Menon, chevallier, seigneur chastelain de Turbilly, pour raison de la ditte terre, seigneurie et chastellenie de Turbilly et fief de Mauguèvre, leurs circonstances et dépendances, situés au païs d'Anjou, mouvant et relevant dudit seigneur roy, à cause de ses châteaux de La Flèche et de Baugé. Lesdites terres et seigneuries et chastellenies de Turbilly et fief de Mauguèvre, leurs circonstances et dépendances, situées au païs d'Anjou, mouvants et relevants du seigneur roy à cause de ses châteaux de La Flèche et de Baugé. Lesdites terres, seigneuries et chastellenies de Turbilly et fief de Mauguèvre, appartenants audit sieur de Menon, comme seul et unique héritier de deffunt Louis-Philippe de Menon, son père, chevallier, seigneur et propriétaire des terres auxquels foy et hommage ledit sieur de Menon, impétrant, auroit esté reçu, sauf en autres choses le droit dudit seigneur roy et l'autrui en tout : sept procès-verbaux des premier, deuxiesme, huitiesme, onziesme, dix neuviesme, trenteuniesme octobre et quatorze novembre mil sept cent cinquante, contenant la comparution pardevant les notaires royaux à La Flèche, des sieurs François Nau, chevallier, seigneur de Lestang. le bois de Pincé, la Guillardière et autres lieux ; d'André-René du Pont-d'Aubevoye, chevallier, seigneur de la Roussière, de Launay-Baffer, de Poissieux, de la Peinière et autres lieux ; de Gédéon Amaury de Ridouët, chevallier, seigneur de Sanzey, Montpollain, Rouvau, Chemant et autres lieux ; de Martin-Gilles, chevallier, seigneur de la Bérardière, de la Roche, de Bazouges et autres lieux ; de Louis de Reviers de Mauny, chanoine de la cathédralle de Chartres, seigneur prévost d'Anjou, laquelle s'étend dans les paroisses de Genetay et Savigné, dignitaire de la noble et insigne église de Saint-Martin de la ville de Tours ; de François-Charles du Pont-d'Aubevoye, chevallier seigneur de Lauberdière et des Deux-Eves ; de Jacques de Gautier, chevallier, seigneur de Launay, de Clefs et autres lieux, tous voisins desdittes terres et seigneuries composant ledit marquisat de Turbilly, lesquels après qu'il leur auroit esté donné lecture et communication desdittes lettres-patentes, et autres pièces y jointes auroient tous déclarés qu'ils en consentoient l'enregistrement et l'exécution.

Un autre acte du vingt-sept octobre mil sept cent cinquante, contenant la comparution par devant lesdits notaires royaux, à la Flèche, des officiers de la chastellenie, terre et seigneurie de Turbilly et des autres terres, fiefs et seigneuries en dépendant, lesquels après avoir pris communication des lettres-patentes et autres pièces y jointes, auraient déclaré qu'ils estoient d'avis et consentoient la réunion desdits fiefs et laditte érection sous le titre de marquisat de Turbilly. Quatre actes en dattes des vingt, ving-tdeux, vingt-sept septembre et premier novembre mil sept cent cinquante, contenant le transport de Bonaventure Fleury, notaire royal à la Flèche, dans les paroisses de Clefs, dans laquelle est le fief de Chasloux et celui de Chauminard. Dans celle de Savigné, dans l'étendue de laquelle sont situés les fiefs de Mauguèvre et de Bridier ; en la paroisse de Pontigné, dans l'étendue de laquelle est le fief, terre et seigneurie du GrandboisLanfray et du Breil, où estant après qu'il aurait fait assembler les syndics et habitants desdittes paroisses, au son de la cloche, en la manière acoutumée, et leur auroit fait lecture des dittes lettres patentes et autres pièces qui y sont jointes, ils auroient tous unanimement déclaré qu'ils en consentoient l'enregistrement et exécution. Une opposition formée entre les mains du procureur-général du roy à l'enregistrement des dittes lettres patentes à la requeste des officiers de la sénéchaussée et siége présidial de La Flèche, par exploit de Charles Bailly, huissier-audiancier de la connestablie de maréchaussée de France du vingt-trois septembre mil sept cent cinquante. Une autre opposition, aussi formée entre les mains du procureur-général du roy, à l'enregistrement des dittes lettres patentes à la requeste des abbé, prieur et chanoines réguliers de l'abbaye de Melinais, par exploit de Loüis Ribert, premier huissier-audiancier de la connétablie et maréchaussée de France, du huit octobre audit an mil sept cent cinquante. Un acte du seize janvier mil sept cent cinquante-un, contenant la comparution par devant les notaires royaux et tabellions à la Flèche du sieur Loüis-Joseph Belin, lieutenant-général de police de la ditte ville de la Flèche, au nom et comme procureur des officiers du siége présidial de la ditte ville, suivant leur procuration en datte du vingt-cinq janvier, au dit an mil sept cent cinquante-un, d'une part: Et le sieur Louis François-Hanry de Menon, marquis de Turbilly, impétrant, d'autre part. Par lequel acte ledit fondé de procuration auroit consenti l'enregistrement et exécution des dittes lettres-patentes aux conditions suivantes, convenues sur la déclaration dudit impétrant, sçavoir : primo, qu'il reconnoît purement et simplement, et sans aucune équivoque, ny restriction la mouvance et ressort de son château et fief de Turbilly, landes et perrieres dudit lieu au roy, à cause de sa baronnie de la Flèche, s'obligeant à cet effet, en cas de troubles et contredits des officiers de la sénéchaussée de Baugé, et de tous autres, quels qu'ils soient, d'y deffendre à ses frais, risques, périls et fortune, à peine vers la compagnie, ses successeurs en icelle, de tous dommages et intérests. Secundo, qu'il ne prétend de juridiction contentieuse que sur et au-dedans de son fief de Turbilly, landes et perrieres dudit lieu, les limites desquelles seront terminées et réglées entre luy et le sieur Belin, ou tel autre commissaire que la compagnie jugera à propos de nommer sur ces titres en forme et non suspects, qui seront représentés par ledit impétrant, à cet effet, duquel règlement sera dressé acte. Tertio, qu'il paiera à la compagnie et aux propriétaires des greffes dudit siège, telle indemnité que de raison suivant le règlement qui sera pareillement fait, et qu'il ne fera, n'y entreprendra sur l'étendue dudit fief de

Turbilly, landes et perrieres dudit lieu, aucun exercice de jurisdiction contentieuse de quelque nature que ce puisse estre avant lesdits réglements de limites et acquittement d'indamnité, tant à la compagnie qu'au propriétaire des greffes. Quarto, qu'il reconnaît que le fief de Mauguèvre releve directement de la baronnie de la Flèche avec droit de justice foncière seulement, et qu'il fera l'obéissance à ce titre à la chambre des comptes, comme d'un fief distinct et séparé de celui de Turbilly auquel il n'a jamais esté ny pu être uni et consolidé, reconnaissant que s'il a été exposé comme tel dans la foy et hommage de mil six cent soixante-un, et dans celle de mil sept cent quarante-un, ça été par erreur. Quinto, qu'il reconnoît pareillement que ça esté par erreur et sans raison aucune que dans l'avœu du six juillet mil six cent soixante-cinq, rendu au seigneur de la Garde-Champmaillard du fief de Chasloux, ce fief a esté qualifié de haute et moyenne justice; qu'il n'a d'autre droit de justice dans l'étendue du fief, que la justice foncière, et qu'il rendra à l'avenir les obéissances de ce fief sur le pied de la présente reconnoissance. Sexto, enfin qu'il reconnoît que sur les autres fiefs, domaines et dépendances de la terre de Turbilly, landes et perrières dudit lieu, il n'a et ne prétend aucun droit de jurisdiction contentieuse et de justice, autre que celle qui appartient à tous seigneurs de fiefs au terme de la coutume, pour raison des obéissances féodalles à luy dües par ses vassaux et sujets, et droit de moyenne justice dans son fief de Breil. Qu'il reconnoît encore et consent qu'en luy acordant par la compagnie main levée de son opposition à l'enregistrement des dittes lettres patentes, l'effet n'en subsiste qu'en sa faveur et celle de ses descendants masles, et non d'autres contre lesquels, au contraire, les cas avenants, tous les moyens que la compagnie aurait pu employer au soutien de son opposition demeurent dans toute leur force et vigueur; et au moyen desquelles déclarations de la part dudit impétrant. Ledit sieur Belin audit nom et en conséquence du pouvoir à luy acordé par la compagnie aurait fait main levée par le présent acte audit sieur de Turbilly, impétrant de l'opposition par elle formée à l'enregistrement des dittes lettres patentes et auroit consenti en tant qu'à elle touche, qu'elles soient enregistrées aux clauses et conditions cy-dessus exprimées, et encore à condition et non autrement que le présent acte sera homologué en la cour par le même arrêt qui ordonnera l'enregistrement des dittes lettres patentes. Le tout aux frais et dépens dudit sieur de Turbilly, même ceux de l'opposition et signification d'icelle, duquel arrêt d'enregistrement et homologation ainsi que du présent acte seront par luy fournies copie en forme aussi à ses frais pour estre déposée au trésor de la compagnie, lesquelles clauses et conditions, ledit sieur de Turbilly auroit acceptées et reconnu que la compagnie n'avait acordé son désistement qu'à sa seule considération, le tout respectivement voullu, consenti, stipulé et accepté par les parties, le procès-verbal d'assemblée des officiers de la sénéchaussée et siége présidial de la Fléche, en datte du vingt-cinq janvier mil sept cent cinquante-un, contenant le pouvoir donné audit sieur Belin de donner la main levée de leur opposition à l'enregistrement des dittes lettres patentes aux conditions portées en l'acte du vingt-cinq janvier mil sept cent cinquante un cy-dessus énoncé.

Un autre acte du vingt-sept octobre mil sept cent cinquante, contenant la comparution par devant les mêmes notaires royaux et tabellions à la Fléche ; du prieur et des chanoines regulliers de l'abbaye royale de Saint-Jean l'Evangeliste de Melinais, voisins de la terre, fief et seigneurie de Turbilly, assemblés au son de la cloche en la manière acoutumée. Lesquels après qu'il leur auroit esté donné lecture et communication des dittes lettres patentes, ils auroient déclaré, après en avoir conféré entre eux, qu'ils consentoient l'enregistrement des dittes lettres patentes et auroient donné leur désistement pur et simple de l'opposition qu'ils avoient formée entre les mains du procureur-général du roy à l'enregistrement des dittes lettres patentes en la cour et partout ailleurs. Un autre acte passé devant notaires à la Flèche, le dix novembre mil sept cent cinquante, des Jésuites de la Fléche, portant consentement à l'enregistrement des dittes lettres patentes sans que leur dit consentement puisse en nulle façon nuire ny préjudicier à leurs droits et à leur féodalité sur le lieu de la Ferandière et de ses dépendances. Ensemble, la requeste présentée à la Cour par ledit impétrant, à fin de l'enregistrement des dittes lettres patentes et conclusions du procureur-général du roy :

Ouï le rapport de maître Claude-Jean Macé, conseiller, tout considéré, la cour ordonne que lesdites lettres patentes seront regislrées au greffe d'icelle pour jouir par ledit Louis-François Henri de Menon, marquis de Turbilly, impétrant et ses enfants, postérité et descendants masles nés et à naître en légitime mariage, propriétaires de ladite terre, seigneurie et marquisat de Turbilly, de leur effet et contenu et être exécutées selon leur forme et teneur, aux charges, clauses et conditions y contenues, et en l'acte de main levée de l'opposition des officiers de la sénéchaussée et siége présidial de la Flèche, du vingt-six janvier mil sept cent cinquante-un, et de consentement des jésuites de la Flèche du dix novembre mil sept cent cinquante.

Fait en parlement le dix-neuf février mil sept cent cinquante-un. Collationné, signé Lutton, et plus bas, signé Dufranc.

Collation de la présente copie a été faite sur la grosse originale à nous représentée par Monsieur le marquis de Turbilly ; laquelle s'y est trouvée conforme en tout son contenu, ce fait, rendue à mondit seigneur marquis de Turbilly, par nous notaires royaux et tabellions à la Flèche, y demeurants, soussignés, le quatorze juillet mil sept cent cinquante-un.

DE MENON DE TURBILLY.

Lespine, not. royal, pour coll.   Havard, notaire.

Controllé à la Flèche, le 22 juillet 1751.

Signé : Delaage.

(Communiqué par M. Salmon père).

N° 11 bis.

Copie d'une lettre de M. Robert d'Erlack à M. Fazy-Pasteur.

Hindelbank 26 juin 49.

N'habitant pas moi-même la ville de Berne, j'ai chargé M. Albert Fellemberg-Ziegla, secrétaire de la Société économique, de faire les recherches demandées sur M. de Turbilly, dans les registres de la Société. Il n'a trouvé que les onze lettres dont j'ai l'honneur de vous envoyer un extrait que j'ai fait à la hâte, sacrifiant mon amour-propre au désir de vous obliger en écrivant dans une langue qui n'est pas la mienne.

L'essentiel est que vous y voyiez clairement les faits et gestes de M. de Turbilly. On y voit avec certitude qu'il n'a jamais habité notre pays, et qu'il n'était que membre correspondant (honoraire) de la Société économique de Berne. Son plus grand mérite qui apparaît clairement d'après ses lettres, c'est d'avoir été le principal moteur de la formation des différentes Sociétés royales d'agriculture en France, dont la création a eu lieu dès l'année 1761, et du comité central d'agriculture, dont il était membre, établissements créés sous la protection et l'appui de M. Bertin, contrôleur général des finances, et plus tard ministre.

La terre de Turbilly était en Anjou, où il paraît avoir opéré de grands défrichements, sur lesquels s'est établie sa réputation agronomique.

Je pense que sa première lettre a été adressée à M. Ischiffely, puisqu'il y parle de M. Bertrand, auquel il paraît que toutes les autres ont été adressées.

Vous trouverez M. le marquis de Turbilly cité à plusieurs endroits dans la collection des mémoires de la Société économique de Berne.

Voyez année 1761, tom. 2, pag. 8. — Année 1762, 1re partie, pag. 54 à 58 et 63. — Année 1763, 1re partie, page 19 et 23. — Année 1764, 1re partie, page 81. — Année 1765, 1re partie, page 22.

M. de Haller, dont il parle dans sa lettre du 7 juin 1761, est très probablement le savant et poète Albert de Haller, dit le Grand Haller.

―――

A la suite de cette lettre, M. Fazy-Pasteur a ajouté les renseignements suivants :

En conséquence de ce qui précède, j'ai parcouru l'énorme collection de la Société de Berne, composée de 25 volumes très rares et précieux, et voici ce que j'ai trouvé.

La Société en question date de 1759, elle était composée des plus hautes notabilités suisses, soit sous le rapport des familles, soit sous celui des connaissances.

Il en fut reçu *membre honoraire étranger* en 1760. Le nombre en était alors peu considérable, puisque, outre lui, indiqué comme marquis de Turbilly (membre de la Société d'agriculture de Paris et de plusieurs Sociétés d'agriculture établies en France, etc.), il n'y avait alors que M. Jean-Jacques Otth, du grand conseil de Zurich ;

Le baron de Bermtorf, chambellan à la cour de Danemarck ;

Le comte François Ginamy, patricien de Ravenne;
Le marquis de Mirabeau.

Ce qui prouve qu'il avait déjà alors une grande réputation.

Le 10 septembre 1760, on trouve un mémoire sur les défrichements des terres incultes. L'auteur dit dans l'introduction : « Je n'avancerai rien que je n'aie éprouvé par moi-même depuis 22 ans, avec tout le soin et l'attention possibles. J'ai défriché chaque année une portion de mon terrain, ne pouvant le faire tout à la fois ; le succès a répondu à mon attente. J'ai puisé le plus de lumières que j'ai pu en Anjou et autres pays étrangers. »

Le 24 décembre 1761. Une lettre de lui à M. Bertrand;
— 1762. Un mémoire sur la culture du colza;
— 1764. — sur la culture du grand chou d'Anjou.

Analyse des lettres de M. le marquis de Turbilly, qui se trouvent dans la collection de manuscrits de la Société économique de Berne.

Ces lettres, au nombre de 11, à l'exception du n° 7, sont toutes datées de Paris, à la date de quelques-unes est ajouté : *hôtel d'Angleterre, rue de Condé*. Comme les adresses ne s'y trouvent plus, il est incertain, à quelques exceptions près, à qui des membres de la Société ces lettres étaient adressées. Seulement la première, citée ci-après, de 18 pag. in-4°, est écrite de sa propre main ; les autres n'ont de sa main que la signature : le marquis DE TURBILLY.

1° vol. II, n° 108. 20 octobre 1760. Il a trouvé en arrivant à Paris une lettre obligeante, le modèle de la machine nommé *dégazonneur* qu'on lui avait envoyé et le diplôme honorable que la Société économique de Berne lui a fait la grâce de lui donner, faveur qui le touche plus qu'il ne saurait le dire, il le regarde comme un titre très glorieux pour lui, supplie de nouveau la Société de vouloir bien agréer ses remerciements, et ne négligera rien pour lui donner des preuves de sa reconnaissance, et répondre à ses vues salutaires pour le bien de l'humanité.

Il examine le modèle du *dégazonneur*, qui ressemble à la machine dont il s'est autrefois servi, mais dont il n'a pas eu lieu d'être content, ainsi qu'il l'a mandé à M. Bertrand dans sa lettre du 31 août dernier. Il fera exécuter le *dégazonneur* en grand, et l'essaiera ainsi que plusieurs autres personnes, et ne manquera pas de rendre compte à la Société de ses essais. Il parle des avantages de *l'écobue.* En tout cas, il répond que ceux qui mettront en valeur des terres incultes avec cet outil seront amplement dédommagés de leurs dépenses.

Il est très flatté que son ouvrage sur *les défrichements* ait eu l'approbation de la Société de Berne au point d'en traduire la partie pratique, et pour avoir le plaisir d'admirer cette traduction, il étudiera de nouveau l'allemand, qu'il entendait anciennement un peu, dans le temps de ses voyages et qu'il a malheureusement oublié pour la plus grande partie. Son ouvrage ne contient rien qu'il n'ait éprouvé, voilà tout son mérite ; son succès a de beaucoup surpassé son attente, il a réussi non seulement en France où l'on travaille de tous côtés en conséquence, et où plusieurs corps distingués lui ont fait l'honneur de l'aggréger, mais encore chez leurs voisins, plusieurs souverains très respectables ont eu la bonté de lui témoigner leur contentement, entr'autres, le roi de Pologne, le duc de Lorraine qui a daigné lui écrire à cette occasion une lettre très flatteuse. Il a été goûté jusque dans les pays de l'Europe les plus éloignés, et le roi de Danemarck qui le fait traduire en danois lui a envoyé une boîte d'or magnifique pour lui en marquer sa satisfaction. Ce présent, que le roi son maître lui a permis d'accepter, est accompagné d'une lettre fort obligeante du premier ministre de Danemarck.

Il passe aux éclaircissements sur la question qui lui a été faite : ce que c'est qu'une charrue à deux oreilles, toutes celles de Suisse n'en ayant qu'une ? Ce n'est point le *double cultivateur* de M. Du Hamel ; sa méthode n'a pu prendre parmi les gens de la campagne, ses instruments de labourage sont trop chers ainsi que trop compliqués, et sa méthode est trop composée, ainsi que trop difficile, et c'est dommage que M. Du Hamel n'ait pas fait valoir pendant un certain temps un domaine considérable.

On se sert de la charrue à deux oreilles dans son pays, c'est-à-dire en Anjou, ainsi qu'en plusieurs autres provinces de France où on laboure les terres en sillons, car dans les pays où l'on laboure les terres à plat ou en planches, elle n'est pas d'usage, n'étant point nécessaire.

Suit la description détaillée de cette charrue à deux oreilles ainsi que celle à une oreille nommée versoir, et de la manière de labourer les terres avec ces deux charrues en Anjou, soit en sillons, soit en planches, comme aussi de l'établissement des rigoles pour l'écoulement des eaux. Comme il a décrit dans son ouvrage les terres qu'il convient de labourer en sillons et celles qu'il est à propos de mettre en planches ou tout-à-fait à plat, il ne le répète point.

Il est surpris que dans la Suisse, malgré les différentes espèces de terres qui se rencontrent souvent dans un même champ, principalement dans les montagnes, tous les labours se fassent généralement à plat. J'ai voyagé autrefois dans votre canton, dit-il, et si jamais je me trouvais à portée, j'y retournerais avec grand plaisir pour avoir l'honneur, etc.

Il parle d'une nouvelle *sonde* dont il a donné la description dans son supplément à cet ouvrage, supplément qu'il a envoyé ci-devant à M. Bertrand, qui l'aura sans doute remis à la Société, pour l'ajouter à sa traduction.

Cette *sonde* a réussi dans son pays au point que l'on s'en sert à présent non seulement pour l'agriculture, mais encore pour les mines, pour diverses manufactures, pour chercher de l'eau; c'est ainsi qu'en voulant aider les cultivateurs, il a rendu service au commerce et aux arts, pour ainsi dire sans s'en douter. Il explique que de grêler le grain, c'est le passer au crible. Il a écrit chez lui, c'est-à-dire en Anjou, pour qu'on lui envoyât dix ou douze livres de l'avoine d'hiver qu'on lui a demandée et l'enverra dès qu'il l'aura. Suit la description de cette avoine, de la manière de la cultiver, de ses avantages...

Il demande encore un exemplaire de la traduction de son ouvrage, donne une adresse sous le couvert de M. Bertin, contrôleur général des finances à la cour, et dans un post-scriptum, s'excuse de n'avoir pas fait faire de sa lettre chargée de ratures une copie au net, ne pouvant la transcrire lui-même, à cause des occupations que lui donne sa correspondance dans le royaume, au sujet de l'agriculture, correspondance dont le gouvernement l'a chargé.

Quelques compliments et belles paroles terminent la lettre qui a 18 pages, datée de Paris, à l'hôtel d'Angleterre, rue Condé.

2° vol. I, à M. Bertrand à B., 15 février 1760.

Il répond à trois lettres reçues de la part de M. B. du 19 décembre, du 24 du même mois et du 22 janvier. Civilités pour M. Ischiffely, auquel il dit avoir écrit précédemment, et pour M. Herrenschirand, qu'il n'a point vu comme il l'aurait désiré, qui avait remis chez M. le contrôleur général à son adresse les six cahiers des mémoires tant français qu'allemands de la société. Il accepte la proposition de M. B. de lui envoyer autant de mémoires qui renferment des choses utiles sur l'arrosement des prés et la bonification des marais.

Il parle de l'établissement dans le royaume d'une société d'agriculture dans chaque généralité, et de leur organisation, et dit entr'autres que celle de Paris n'aura aucune supériorité sur les autres pareilles sociétés des différentes généralités du royaume entre lesquelles il est important de maintenir l'égalité et d'entretenir l'émulation, afin de les tenir ensemble, leur donner de l'uniformité et la suite nécessaire, il vient d'être établi par ordonnance du roi un comité d'agriculture, composée de cinq conseillers d'Etat, de lui, de M. Parent, premier commis des finances, chargé de tenir le registre des délibérations. Ce comité a commencé de s'assembler le 12 de l'autre mois (janv. 1761), et s'est depuis tenu régulièrement tous les lundis.

Il approuve les bureaux de correspondance que la société économique a établis dans les principales villes du canton, et les questions qu'elle se propose d'adresser à ses bureaux.

Il envoie les réglements de la Société royale d'agriculture de la Généralité de Tours qu'il a formée cet été, pendant son voyage dans ses terres, de concert avec M. Lescaloppier, intendant du pays. Il a envoyé dans le temps la lettre que M. B. lui a fait passer à l'adresse de M. Du Boys à Angers.

Il remercie de l'envoi du mémoire abrégé et pratique de M. B., sur la formation du salpêtre.

Il a reçu, avec la lettre du 22 janv., les 3 volumes des mémoires français de la Société, pour les faire tenir à la Société d'agriculture, de commerce et des arts de Bretagne, et les a envoyés à M. Abeille, serétaire de cette société par M. le comte de Boëssière, seigneur breton.

Enfin, il demande copie d'un mémoire détaillé touchant la façon de se servir du *dégazonneur*, qu'il a cherché en vain dans les ouvrages de la Société, afin qu'il puisse faire avec plus de succès l'épreuve de cette machine, ayant déjà fait passer pour cet effet des modèles semblables à celui qu'on lui avait envoyé de Berne, dans plusieurs provinces d'où l'on demandera sans doute beaucoup d'éclaircissements à ce sujet.

3° vol. I. 7 avril 1761 (sans adresse, suivant le contenu, à M. Bertrand.)

Il a reçu la lettre du 5 mars, remercie la Société du nouvel ouvrage qu'elle lui a envoyé qui est tout au mieux, il a fait passer les deux exemplaires de cet ouvrage destinés à à la Société d'agriculture, de commerce et des arts de Bretagne, et à la Société royale d'agriculture de Tours. Il attend avec impatience le mémoire promis sur les marais, il n'a point reçu celui concernant le *dégazonneur* qu'il avait demandé, et en rappelle le souvenir. Il sera fort aise d'apprendre la structure et le succès des étuves que M. de Graffenried, de Carouge, a fait faire pour sécher les grains. Il n'a point vu le mémoire de M. Daubenton, dont on lui a parlé, et s'en informera.

Il envoie un nouveau supplément qu'il vient d'ajouter à la suite de la troisième édition de la Pratique des défrichements, et un exemplaire pour M. Ischiffely, et un pour la Société.

La Société royale d'agriculture de Tours et celle établie de concert avec M. de Sauvigny, dans la capitale, tiennent des assemblées régulières toutes les semaines, dans plusieurs autres généralités, de pareilles sociétés sont formées et n'attendent que l'autorisation de Sa Majesté pour travailler. D'un autre côté, le comité d'agriculture dont il est fait mention précédemment continue ses séances. Il joint un petit mémoire, contenant une idée générale de ces nouvelles sociétés, avec les règlements de celles de Paris et de Tours.

4° vol. I. 26 avril 1761.

Il envoie, de la part de la Société d'agriculture, de commerce et des arts de Bretagne, dont il est associé, une lettre et un paquet, et parle, sans rien en dire de nouveau, avec satisfaction des sociétés d'agriculture, qui s'avancent de plus en plus dans les généralités du royaume, et qui font beaucoup d'honneur à M. le contrôleur général, dont lui-même tâche de seconder les bonnes intentions.

5° vol. I. 2. Mai 1761.

Il a reçu la lettre du 25 avril, avec le modèle de machine et les trois volumes contenant la quatrième partie des mémoires de la Société, d'un autre exemplaire français et un autre allemand pour lui, et un troisième, français, pour la Société de Bretagne, avec une lettre adressée à M. Abeille, secrétaire de cette société. Il remercie la société du beau et utile présent qu'elle vient de lui faire. Il sera très obligé à M. Ischiffely de lui envoyer le plus tôt qu'il lui sera possible le nouveau modèle du *dégazonneur* qu'on lui a annoncé avec sa description et la manière de s'en servir ; il attend avec empressement le mémoire promis sur l'emploi des marais. Il est flatté de l'approbation des arrangements des nouvelles sociétés d'agriculture qui lui occasionnent beaucoup de travail, qu'il ne regrette pas, par l'envie qu'il a de rendre quelques services à sa patrie, ainsi qu'à l'humanité.

Il attend que celle de Tours ait achevé ses premiers arrangements pour faire tenir le tableau des questions que la Société a bien voulu lui envoyer pour lui remettre. Il pense qu'il sera utile de publier les expériences de M. de Graffenried, de Carouge, sur les étuves. Il tiendra à grand honneur que son dernier supplément sur les défrichements soit inséré dans les mémoires de la Société, tant en français qu'en allemand.

6° vol. I. 7 juin 1761.

Il remercie de la lettre du 9 du mois dernier, et du mémoire imprimé sur les moyens de prévenir les disettes de blés en Suisse, qui contient de très bonnes choses, qu'il croirait cependant susceptible de diverses observations. Il envoie une lettre de la Société de Bretagne, qui a reçu tout ce qu'on lui avait envoyé pour lui faire passer. Il vient de répondre à M. Istchiffely et lui accuser la réception des modèles d'un nouveau *dégazonneur* et d'un *semoir*, lesquels cependant, la boîte dans laquelle ils étaient ayant été rompue en route, se sont trouvés brisés, ce dont il est d'autant plus fâché, que l'exécution qu'il a dessein de faire faire en grand de ces modèles en est retardée.

M. de Haller est parti ces jours-ci pour retourner en Suisse, il a bien tout vu; c'est un très aimable cavalier, fort sage, fort spirituel et fort obligeant; il a réussi tout au mieux dans ce pays-ci. Il a tâché pendant le séjour de M. de Haller à Paris, de lui rendre tous les services qui ont dépendu de lui. Ce Monsieur lui a promis de lui donner de ses nouvelles quand il serait de retour chez lui.

7° vol. I. A Turbilly, près La Flèche, en Anjou, le 13 décembre 1761.

Parti il y a déjà du temps de Paris, pour faire un voyage dans ses terres afin d'y visiter ses travaux et entreprises qu'il continuait toujours, et de voir les sociétés royales d'agriculture, établies dans les provinces circonvoisines; il avait reçu les deux lettres du 3 et du 21 du mois dernier. Il tâchera de faire son profit des observations judicieuses que contient la première, pour le bien général, seul but qu'il se propose dans ses travaux. Il a fait passer à MM. de Dangeul et de Rougemont les lettres qu'on lui avait envoyées pour eux.

Il n'a point de détails par écrit sur les desséchements des marais de Dunkerque, lorsqu'il en aura, il lui en enverra une copie.

Il offre ses civilités pour M. Ischiffely et tous les dignes membres de la société économique dont il voit les succès augmenter avec une joie inexprimable. Il n'a pas reçu encore un paquet pour M. de Salerne, une boîte contenant un modèle de levier pour M. Perronet, et un beau modèle d'une scie à fendre le bois, pour M. Abeille. Il sait seulement qu'il est arrivé chez lui, à Paris, une boîte qu'on lui garde. Il a reçu les quatre exemplaires de la première partie du recueil de la Société pour 1761, un en français et un en allemand pour lui, un pour la Société de Paris, et un pour M. Abeille.

Il compte retourner à Paris dans le commencement du mois prochain.

8° v. I. Paris, 31 mai 1761.

Il a reçu les lettres des 16, 21 et 30 du mois dernier, avec les livres qui y étaient joints. Il a remis à la Société royale d'agriculture de Paris, les volumes qui lui étaient destinés, et il envoie la lettre de remerciements de M. Salerne.

Il est charmé que la Société de Berne ait été satisfaite du mémoire sur le colza, qu'il lui avait adressé, puisqu'elle prend le parti de le faire insérer dans son recueil. Il prévient que ce mémoire lui a été envoyé par un de ses correspondants, qui lui a mandé l'avoir reçu de Flandre, et ne lui a point marqué le nom de son auteur; ainsi en faisant imprimer ce mémoire, il est à propos de ne point le citer, afin qu'il n'ait point l'air d'avoir voulu ôter une partie de la gloire de l'auteur. Il aurait répondu plus tôt à son cher confrère s'il n'avait attendu de savoir le sort de la caisse contenant le modèle d'une scie à couper le bois, qui lui est enfin parvenue. Il a communiqué ce modèle à la Société de Paris, et l'a ensuite remis à M. Abeille, qui est depuis du temps à Paris.

Les libraires auxquels il a parlé au sujet de l'impression du travail de l'arrosement des prés, feront leurs efforts lorsqu'ils auront vu ce mémoire, ainsi il faut le lui envoyer. Il aura grand soin qu'on n'en prenne point de copie pour qu'il ait le mérite de la nouveauté; il ne le communiquera à la Société de Paris que lorsqu'il sera imprimé.

Il envoie un mémoire qui lui est parvenu de Bergues, sur une espèce de chenille qui produit de la soie et qui se trouve dans les pins en quelques endroits; il prie de le communiquer à la Société économique de Berne.

9° v. I. Paris, 27 juillet 1762, à M. Bertrand.

Réception de la lettre du 2 de ce mois, avec deux exemplaires de la quatrième partie du recueil de la Société économique de Berne, français et allemand, pour lui, l'autre français, pour la Société royale d'agriculture de Paris, et annonce l'envoi de la lettre de remerciements de cette Société.

Il exprime sa peine de ce que M. Bertrand a été incommodé.

Il est charmé que le mémoire sur une chenille qui produit de la soie, ait été reçu avec satisfaction. Comme il y a beaucoup de pins en Suisse, M. B. . . . . sera à portée de faire des expériences à ce sujet.

Il sera fort aise de voir le traité sur l'arrosement des prés qui doit être imprimé à Lyon. Il ne doute pas qu'il soit fort utile dans le royaume où généralement on ne tire point assez partie de l'eau.

Il prie de lui adresser une copie du mémoire sur la culture de l'épautre, que M. B. lui mande avoir envoyé à la Société royale d'agriculture de Lyon ; il y a beaucoup d'endroits dans le royaume où cette espèce de grain viendrait très bien et où cependant on ne la cultive point.

Il désire que M. B. . . , , lorsqu'il aura achevé son mémoire sur les grands pins propres à faire des mâts, lui en envoie une copie. Il voudrait qu'on s'appliquât, en France, à la plantation de cette sorte d'arbre, puisque l'on y est dans la nécessité de tirer la plus grande partie des mâtures des pays du Nord.

Il n'est point étonné que la correspondance de son cher confrère augmente en proportion de la multiplication des sociétés d'agriculture dans le royaume ; il doit s'en prendre à sa réputation justement acquise, à ses lumières et au zèle qu'il a toujours témoigné pour le bien de l'humanité.

Il fera usage des observations de M. Bertrand sur le Raygrass ; il avait déjà appris de différents côtés que les Anglais s'en dégoûtaient beaucoup.

Il n'a pas encore eu le temps d'aller voir la machine pour hacher la paille, dont M. B. . . . lui fait mention. Dès qu'il l'aura vue, il lui en donnera des nouvelles.

Il ne connaît point le baromètre à répétition, exécuté par le sieur Muzy, et inventé par M. de Fosred, capitaine des chasses de M. le duc de Bouillon, il attend le retour de la campagne de M. le duc de B. . . . pour s'en informer chez lui.

M. B..... trouvera dans le second volume des observations de la société de Bretagne qui vient de paraître, un nouveau modèle de ruche pour les abeilles, différent de celui dont M. Bertrand lui parle.

Il envoie une lettre pour M. Ischiffely.

10° v. II, n° 42. Paris, 28 octobre 1762.

Il a reçu la lettre du 7 de ce mois, et les deux autres pour M. de Chavigny, ci-devant ambassadeur de France en Suisse et pour le sieur Briasson, libraire, qu'il a fait porter à leurs destinations. On lui a remis, il y a déjà du temps, deux exemplaires de la première partie de l'illustre Société économique de Berne pour cette année, l'un pour lui, l'autre pour la Société royale d'agriculture de Paris. Il n'a point reçu la deuxième partie de ce même recueil, que le sieur Humblot, libraire, devait lui remettre. Il sera fort aise de voir le traité en question sur l'arrosement des prés, lorsqu'il paraîtra.

Il a lu avec beaucoup de satisfaction les mémoires qu'on lui a envoyés sur la culture de l'épautre, sur le pin, sur le sainfoin et sur les prés artificiels, ainsi que l'exemplaire imprimé de l'instruction sur la culture du lin, en allemand; il désire qu'on lui en envoie la traduction en français.

Lorsqu'il verra M. Patuts, qui est absent de Paris, il lui communiquera le mémoire en question, sur l'établissement des prés artificiels, afin de le mettre en état de répondre, s'il le juge à propos, aux objections que lui a fait l'auteur de ce mémoire.

Il n'a pas encore pu voir le baromètre à répétition et la machine à hacher la paille, suivant ce qu'on lui a dit : il paraît que cela n'a pas eu de succès dans ce pays-ci.

Il approuve le projet de faire insérer l'année prochaine dans les almanachs destinés pour le peuple de la campagne, quelques pratiques et observations à leur portée sur l'agriculture; puisqu'une partie des paysans ne lisent point d'autres livres, la voie de les instruire par le moyen d'une espèce de catéchisme économique, serait aussi fort bonne.

Il est surpris que M. Abeille n'ait point donné de ses nouvelles et croit que son voyage et les affaires que lui cause la tenue des États de Bretagne, où il est retourné depuis quelque temps, en ont été la cause.

Il envoie un petit ouvrage qui vient de paraître sur la culture des peupliers d'Italie, fait par M. de Saint-Maurice, associé de la Société de Paris, au bureau de Sens. Il conseille la plantation de cet arbre, parce qu'il coûte peu à élever, vient très promptement et est propre à différentes constructions.

11° v. II, n° 61. Paris, 9 octobre 1763, à M. Bertrand.

Il est inquiet de n'avoir point eu, depuis très longtemps, de ses nouvelles et appréhende qu'il ne soit tombé malade, et le prie de le tirer de cette inquiétude. La dernière lettre qu'il en avait reçue était du 8 avril, il y avait répondu le 13 mai dernier, et a envoyé en même temps, pour la Société économique, un mémoire sur la culture des grands choux d'Anjou, avec un petit paquet de graines de ce légume.

Il a aussi écrit à M. B....., le 19 juin dernier, en envoyant le second volume des observations de la Société de Bretagne, avec une lettre de M. Abeille, secrétaire perpétuel de cette compagnie ; et il n'a eu de réponse à aucune de ces lettres qu'il lui avait adressées, ainsi que M. B.... le lui avait marqué, sous le couvert de M. de Barthes, secrétaire d'ambassade de France à Soleure.

Il envoie à M. B....., par la même voie, le recueil que la Société royale d'agriculture de la Généralité de Tours vient de faire imprimer avec un précis sur l'éducation des vers à soie, et une lettre de M. Verrier, secrétaire perpétuel de la même Société, écrite au nom de cette compagnie à l'illustre Société de Berne.

M. Humblot, libraire, qui devait lui envoyer deux exemplaires des quatre parties du recueil de la Société de l'année 1762, lui a fait dire qu'il ne les avait point reçus.

(Archives de la Société économique de Berne.)

N° 12.

« Chapitre 1er. Travaux préliminaires pour les défrichements et description de la sonde employée pour s'assurer de la qualité des couches inférieures du sol. Réduction ou destruction du gibier. Obstacles qu'il faut vaincre pour la réussite des défrichements, examen de la qualité du terrain.

« Chapitre 2. Division des terres en trois classes, défrichement des sables vifs, semis de pins pour remplacer le sarrazin dans les sables vifs. Culture de céréales et de plantes légumières dans les sables vifs.

« Chapitre 3. Défrichement et culture des terres médiocres. Description et emploi de l'écobue, amas et brûlis de gazons, temps propice ou défavorable pour cette dernière opération. Manière de semer sur ce défrichement. Moyens d'égoutter les terres, résultats avantageux de l'emploi des cendres sur le brûlis, différents états et qualités des cendres reconnus par leur couleur. Temps que l'on doit laisser s'écouler d'un brûlis à un autre sur le même terrain, détails généraux et particuliers sur la manière de labourer et de semer dans les défrichements, procédé économique pour épierrer le terrain, diverses méthodes d'employer les cendres, etc. Travaux à bras pour les défrichements, choix et préparations des semences, céréales diverses appropriées à la qualité du sol. Récolte à faire sur les défrichements, digression pour et contre la méthode de payer les moissonneurs en argent ou en nature. Labours, hersages et façons diverses à donner la seconde année au défrichement. Moyens de former des bois sur les défrichements selon la méthode de l'auteur. Fumiers artificiels et leurs diverses compositions. Procédé pour rétablir les prairies naturelles épuisées, avantages des défrichements selon la méthode de l'auteur, détails sur le prix de la main-d'œuvre.

« Chapitre 4. Défrichement et culture des bonnes terres, description des bonnes terres et productions qui leur sont propres avant et après le défrichement. Clôture des portions défrichées, arbres fruitiers dans l'intérieur. Habitation à construire proportionnée à l'étendue des défrichements, un mot sur les marais et les charrues.

« Chapitre 5. Observations sur la sonde et l'écobue.

« Chapitre 6. Éclaircissements sur les défrichements. Manière de placer les gazons pour qu'ils sèchent aisément. Façon d'écobuer ou de peler les terres en friches, dans lesquelles on rencontre de fortes productions sauvages, entremêlées d'autres moins considérables. Précautions à prendre quand on fait brûler un défrichement situé dans le voisinage d'un bois, ou de quelqu'autre endroit combustible; sur les attentions qu'on doit avoir lorsqu'on se sert tant de la sonde que de l'écobue. »

(Pratique des défrichements, 4ᵉ édition, 1811.)

Nº 13.

Société d'agriculture de la généralité de Tours.

Liste de MM. du bureau d'Angers.

M. l'abbé DE MONTECLER, doyen de l'Église d'Angers, abbé de l'abbaye royale et séculière de Saint-Pierre d'Uzerche, docteur de la faculté de théologie, directeur actuel de l'Académie des sciences et belles-lettres d'Angers et du bureau d'agriculture.

M. l'abbé Rangeard, prieur-curé de Saint-Aignan d'Angers, vice-promoteur du diocèse, secrétaire-perpétuel de l'Académie des sciences et belles-lettres d'Angers.

M. l'abbé Cotelle, doyen de l'église royale et collégiale de Saint-Martin d'Angers.

D. Leclerc de Buffon, prieur de l'abbaye royale du Loroux.

M. Duverdier de la Sorinière, de l'Académie d'Angers.

M. Richer de Neufville.

M. Gilles de la Bérardière.

M. le marquis de Turbilly, des sociétés d'agriculture de Paris et de Soissons, membre ordinaire de la société économique de Berne, et de la société royale de Londres.

M. Landry de Vauxlandry.

M. Poulain de la Guerche, ancien maire de la ville et conseiller honoraire au siége présidial.

M. Prévost, professeur de droit français, avocat du roi et de l'académie des sciences et belles-lettres d'Angers.

M. Bastier, sous-ingénieur des ponts-et-chaussées au département d'Angers.

M. Pouperon de Tilly, entrepreneur des mines à charbon du bas Anjou.

M. Sartre, ancien consul et entrepreneur des carrières d'ardoise.

M. Merveilleux, professeur en droit.

M. Berthelot du Pasty, docteur régent de la faculté de médecine et l'un des trente de l'académie royale des sciences et belles-lettres d'Angers.

M. du Boys, doyen de la faculté de droit et secrétaire perpétuel de la société pour le bureau d'Angers.

ASSOCIÉS.

M. le maréchal de Contades, chevalier des ordres du roi, commandant pour sa majesté dans la haute et basse Alsace.

M. le marquis de la Tremblaye.

M. le marquis de Varennes, chevalier de l'ordre royal et militaire de Saint-Louis, ancien capitaine aux gardes françaises.

M. le marquis de Contades, chevalier de l'ordre royal et militaire de Saint-Louis, brigadier des armées du roi, de l'académie des sciences et belles-lettres d'Angers.

M. de Goilaud, comte de Monsabert, conseiller au parlement de Paris, de l'académie des sciences et belles-lettres d'Angers.

M. l'abbé Mézeray, chanoine de l'Église d'Angers et syndic du clergé.

M. DE CROCHARD, chevalier de l'ordre royal et militaire de Saint-Louis, gouverneur de Baugé en survivance.

M. DE JACQUES DE LA BORDE, chevalier de l'ordre royal et militaire de Saint-Louis, ancien mestre de camp.

M. COLLARTEAU DE LA BESNERIE.

M. DE LA FORÊT D'ARMAILLÉ, conseiller au parlement de Rennes.

M. D'ANDIGNÉ DE MAYNEUF.

D. JEHORS, prieur de l'abbaye royale de Saint-Serge-lès-Angers.

M. DE L'AUBERDIÈRE.

M. DE LA JALLIÈRE.

M. GENEST, chanoine régulier, prieur-curé de Trelazé.

M. LESTRAT DES BRIOTTIÈRES.

M. DE LONGUEIL, chevalier de l'ordre royal et militaire de Saint-Louis, gentilhomme ordinaire de S. A. M. le duc d'Orléans, de l'académie des sciences et belles-lettres d'Angers.

M. DE BOESSARD DE L'AUNAY.

M. GILLES, fils, baron de la Barbée.

M. AVELINE DE NARCÉ, de l'académie des sciences et belles-lettres d'Angers.

M. WALSH, comte de Serrant.

M. POULAIN DE LA MARSAULAYE, subdélégué de M. l'intendant à Angers.

M. DE LA NOUE, ancien capitaine d'infanterie.

M. MARCHANT DE LA ROCHE, procureur du roi à l'Hôtel-de-Ville d'Angers.

M. GONEZAULT, conseiller-échevin perpétuel à l'Hôtel-de-Ville d'Angers.

M. CHAUVEAU, président au grenier à sel, conseiller-échevin perpétuel de l'Hôtel-de-Ville d'Angers.

M. DE LA SALLE, sénéchal de Durtal.

M. LE MAIGNAN, subdélégué de M. l'intendant à Baugé.

M. BUDAN DE RUSSÉ, trésorier de France au bureau des finances de Poitiers.

M. VENYE, docteur-régent de la faculté de médecine d'Angers.

M. POCQUET DE LIVONNIÈRE, fils.

M. HUARD, docteur-médecin à Châteaugontier.

M. LE ROUX, avocat.

M. BENSIN, avocat.

M. OUDRY, négociant à Saumur.

M. PARANT DE VILLENEUFVE.

M. DE LA BESNARDIÈRE, fermier de l'île Saint-Aubin.

M. HORTODE, fermier de Rochefort-sur-Loire.

M. MONTAUDOUIN, de la Société d'agriculture, de commerce et des arts de la province de Bretagne.

M. Abeille, avocat et secrétaire de la même société de Bretagne.

M. l'abbé Guillot, chanoine de Saint-Maurille, de l'académie des sciences et belles-lettres d'Angers.

M. le Tourneux, procureur du roi à la sénéchaussée.

M. Jouin, chef de fourière de la maison du roi, et l'un des directeurs de l'hopital des incurables.

M. Pagnat, professeur de mathématiques au collége de l'Oratoire, et associé à l'académie des sciences et belles-lettres d'Angers.

M. de Cessart, sous-ingénieur des ponts-et-chaussées au département de Saumur.

M. Anquetil, chanoine régulier, prieur de l'abbaye royale de la Roë et correspondant de l'académie des sciences de Paris.

(Extrait du Recueil des délib. de la Soc. royale d'agric. de la Gén. de Tours, p. 1761.)

N° 14.

Le précis historique des délibérations du bureau de Tours mentionne que dans la séance du 27 août 1761 : « Le secrétaire présenta ensuite de la part de la Société royale d'agriculture établie à Paris, le premier volume des mémoires de cette société, qui lui avait été adressé par M. le marquis de Turbilly, avec une lettre par laquelle il invitait de sa part la Société d'agriculture de Touraine à publier aussi ses mémoires, et adopter le format de ceux de la Société d'agriculture de Paris, pour la commodité des personnes qui voudraient faire des recueils de ces sortes d'ouvrages.

» La compagnie approuva la liste provisoire que le secrétaire avait faite ; mais comme cet objet intéressait les trois bureaux, elle statua qu'il en serait référé aux bureaux d'Angers et du Mans. La proposition de M. de Turbilly fut depuis unanimement agréée par les trois bureaux....

» Le marquis de Turbilly, membre du bureau d'Angers, assista à la séance du 24 décembre et fut prié de solliciter auprès de M. de Malesherbes, chef de la librairie de France, le privilège pour l'impression des ouvrages de la Société et la nomination d'un censeur...

» Un échantillon de terre-houille de la généralité de Soissons, ayant été présenté dans cette même séance par M. le marquis de Turbilly, M. Duvergé et Dom Leclerc furent chargés d'en rendre compte à la compagnie (1).

(1) C'est sans doute à la suite de cette communication que fut rédigée une note insérée aux actes de la société sous le titre d'*Avis*

» On cultive en Touraine dans les lieux marécageux, une sorte de navets que l'on nomme *Rabes*, et qui ne sert que pour nourrir les vaches pendant l'hiver. M. de Turbilly présenta des graines de *Turneps*, ou gros navets, qu'il invita de semer dans les mêmes terrains, pour juger si la culture de ces navets ne serait pas plus avantageuse que celle des *rabes*. Le bureau se chargea d'en faire l'expérience.

» Comme M. le marquis de Turbilly est membre de la Société économique de Berne, il offrit au bureau de la part de cette société, un exemplaire imprimé d'un projet pour l'établissement des sociétés correspondantes. Il voulut bien se charger de faire les remerciements du bureau à la société de Berne, et de l'assurer que la société de Touraine verrait, avec la plus grande satisfaction, une correspondance établie entre les deux sociétés.

» La séance finit par la lecture d'une lettre de M. de Palerme, secrétaire perpétuel de la société d'agriculture de Paris. Elle était adressée à M. le marquis de Turbilly, elle annonçait que les Bénédictins et le chapitre de Notre-Dame avaient communiqué à la société de Paris, une délibération capitulaire, par laquelle ils accordaient vingt ans d'exemption du droit de dîmes, champarts et terrages sur les terrains qui seraient défrichés. Un exemple aussi digne d'être imité ne saurait être rendu trop public. »

Aux documents qui précèdent, je crois devoir joindre les renseignements suivants qui m'ont été fournis par M. Lambron de Lignim :

« Je termine à l'instant mes recherches sur M. de Turbilly. Les archives de la société d'agriculture, bureau de Tours, conservent encore le souvenir de ses bienfaits ; sa correspondance, avec le secrétaire perpétuel, prouve jusqu'à la dernière évidence que la création de cette société est entièrement due au zèle de ce digne citoyen.

» Voici la note de ses œuvres :

• Réponse aux questions de M. Duverger, touchant l'impression des mémoires de la société royale d'agriculture de Tours. Mémoire manuscrit 1761.

» Mémoires contenant un moyen d'augmenter la population, etc., en favorisant les chefs des nombreuses familles. — Manuscrit de 4 pages in f° avril 1762.

aux cultivateurs, dans laquelle on explique le moyen de reconnaître la terre-houille et de l'employer convenablement en agriculture.

» Lettre de Paris du 7 juillet 1762, au sujet de l'impression des Mémoires de la Société.

» En 1763, M. de Turbilly fut chargé par la société de présenter le volume de ses Mémoires à S. M.

» Lettre du même à M. de la Sorinière, directeur du bureau d'Angers, contre les prétentions de M. Duboys, son président, etc.

» Réflexions sur les sociétés royales d'agricultre des différentes généralités du royaume.

» Une liasse contenant une douzaine de lettres de M. de Turbilly concernant la formation de la Société d'agriculture.

» Il se trouve un nombre considérable de lettres de M. de Turbilly dans les liasses relatives à l'administration de la société. »

Je dois également à M. Lambron de Lignim le *fac-simile*, joint à cette notice, de l'écriture du marquis de Turbilly. Ce fac-simile est pris sur une des lettres adressées par lui à M. Verrier, secrétaire perpétuel du bureau de Tours. Presque toutes ces lettres au surplus sont écrites par un secrétaire et signées par M. de Turbilly.

Le cachet de ces lettres porte les mêmes armes que celles des Menon, au X VIIe siècle (voir n° 3) ; mais le fond du champ de l'écu est d'or ; couronne de marquis ; tenants : deux anges.

N° 15.

Voici les détails que m'a communiqués M. l'abbé Chevalier sur ce qu'il reste encore de vestiges de l'usine à savon et des fours à chaux et autres, construits par le marquis de Turbilly :

« Dans une petite maisonnette, qui est située vis-à-vis le
» jardin potager du château, on voit encore une profondeur
» faite dans la terre pour recevoir la chaudière qui servait
» à la confection du savon. Cette chaudière, qui était en tôle,
» avait trois mètres à peu près de largeur, sur deux mètres
» de profondeur. Elle était enchâssée dans de la maçonnerie
» et reposait immédiatement sur un petit fourneau, qui en-
» tretenait un feu ardent et concentré, pour faciliter le suc-
» cès des opérations. La matière qui était employée le plus
» fréquemment et en plus grande quantité, étaient les porcs
» gras. Autour de cette chaudière et le long des murs de la
» maisonnette étaient fixées des cases en bois pour recevoir
» les pains de savon qui sortaient d'être fabriqués.

» Quant aux différents fourneaux qui subsistent encore en
» majeure partie, ils sont situés à peu de distance les uns
» des autres, à cent cinquante mètres à peu près du château.
» Ils sont au nombre de trois.

» Le fourneau à chaux pouvait avoir primitivement quatre
» à cinq mètres de hauteur, sur cinq mètres et demi de lar-
» geur. Sa masse est carrée et construite en briques de pe-
» tite dimension. Les pierres étaient toutes prises sur le
» terrain de la Charboisière, ferme dépendant de Turbilly et
» située à trois quarts de lieue du château. Elles étaient
» d'une qualité médiocre.

» Un second fourneau, situé tout auprès du premier, avait
» été fait pour la fabrique des tuiles et des carreaux. Sa
» hauteur présumée est de cinq mètres et sa largeur de cinq
» mètres aussi; il est carré. L'on voit encore auprès de ces
» fourneaux quelques débris de tuiles et de carreaux qui
» sont sortis du fourneau ; ces tuiles n'étaient pas de pre-
» mière qualité et n'avaient pas surtout cette fermeté,
» cette dureté qu'on cherche dans les objets de cette nature.

» Enfin, un troisième fourneau était destiné à la cuisson
» *des creusots* ou vases de terre fabriqués pour recevoir des
» fleurs. La couleur de ces vases de terre cuite était d'un
» blanc pâle, parce que la terre avec laquelle on les fabri-
» quait n'était pas de première qualité. Leur forme était
» un peu conique, c'est-à-dire, imitant à peu près les
» pains de sucre. On en trouvait facilement le débit. »

(Correspondance de M. l'abbé Chévallier.)

N° 16.

PRÉFECTURE DU DÉPARTEMENT DE LA SEINE.

Extrait du registre des actes de décès de la paroisse St-André-des-Arts pour l'année 1776.

Le lundi vingt-six février mil sept cent soixante-seize a été inhumé dans l'église, haut et puissant seigneur Louis-François-Henri de Menon, chevalier, marquis de Turbilly et autres lieux, ancien lieutenant-colonel de cavalerie et chevalier de l'ordre royal et militaire de Saint-Louis, décédé la veille, rue Saint-André, de cette paroisse, âgé de cinquante neuf ans ou environ ; assistèrent à l'inhumation très haut et très puissant seigneur Augustin-Félix-Elisabeth Bareau, chevalier, seigneur comte de la Gallissonnière, colonel commandant de la légion de Flandre et grand sénéchal d'épée héréditaire de la province d'Anjou et pays Saumurois, son neveu, et haut et puissant seigneur M. Claude Alexandre, marquis de Toustain, seigneur des Crenes, Lesmares, la Bretonnière et autres lieux, maréchal des camps et armées du roy, ancien premier lieutenant de sa première compagnie de grenadiers à cheval, chevalier de l'ordre royal et militaire de Saint-Louis, son beau-frère, haut et puissant seigneur M. René-Georges-Marie Monteclère, marquis de Monteclère, seigneur de la Lougère, Cheronne et autres lieux, chevalier de l'ordre royal et militaire de Saint-Louis et mestre de camp de dragons, soussignés.

Signé : Le comte de la Gallissonnière, le marquis de Toustain, et Monteclère.

Pour extrait conforme :

Paris, le 2 mai 1849.

Le Secrétaire-Général de la Préfecture de la Seine,

Ch. MERRUAU.

(Communiqué par M. Alexis Chevalier, membre correspondant de la Société industrielle, à Paris.)

N° 17.

Le dimanche 23 juin 1776 et jours suivants, même les fêtes et dimanches, à l'issue du service divin, depuis le matin jusqu'au soir, sans interruption, il sera procédé, en la manière ordinaire et accoutumée, à la vente de tous les meubles et effets de feu M. le marquis de Turbilly, qui se trouvent en son château de Turbilly, près la Flèche, consistant en vins rouge et blanc, cidre, tonneaux, cuviers, carafons, chantiers, portoirs, cerceaux, batterie de cuisine comme balancier, poids, romaines, pesons, gaufriers, poêles à confitures, chaudrons, casseroles, réchauds, poissonnières, cafetières, marmites, etc., le tout de différents cuivres ; mortiers de fonte et de marbre ; tables de cuisine et à manger, armoires, bas d'armoires, plats, assiettes et autres ustensiles d'étain, moulin à farine, sacs à blé, moules à pâtisserie, tables à jouer, à écrire et autres, trictracs, tapisserie, verdure, bergame et autres étoffes, housses de lit de différentes étoffes, bois de lits, matelats, lits, traversins, oreillers de plume-courtes-pointes, couvre-pieds, chaises, fauteuils, tabourets de différentes étoffes et paille, glaces, miroirs de toilette et autres, pendules, malles, cordages, linge de lit, de table, de cuisine et de corps, garde-robe d'homme, etc.; pièges, flambeaux de cuivre argenté et autres, plats et soupières de cuivre verni, garnis en dedans d'une feuille d'argent, façon d'Angleterre; porcelaine, faïence, verrerie et poterie, ornements d'église pour chapelle, poêles de différentes espèces et leurs tuyaux, bras de cheminée, rideaux de fenêtres de différentes étoffes, un surtout de table de cuivre argenté avec ses glaces, grilles de cheminée, pelles, pincettes, partie garnie de cuivre argenté; tableaux, estampes, fontaines de cuivre rouge, bidets, chaises de commodités, tables de nuit, paravents, nombre de fusils, pistolets et anciennes armes, deux canons de cuivre sur leurs affûts, horloge, cloche, sonnettes, violons, cors de chasse, moulins à tabac et à café; livres in-folio, in-4º, in-8º et in-12, consistant en histoire, belles-lettres et arts; gibecières, ceinturons de couteau de chasse en or et en argent et unis, médailles antiques, instruments de mathématiques, plateaux de cabarets, christs montés, carrés de toilette, coffret, caves de poche et autres, dessus de toilette de différentes étoffes et broderies, rouet à filer, dévidoir, porte-feuilles en écritoires et autres, marquises, chanvre et fil écru, noix, chennevier, blé, seigle, orge, méteil, cribles, mesures, bœufs, taureau, vaches, veaux, moutons, brebis, cochons, chevaux, charrettes, harnois, charriots, ustensiles de labourage, berline, voiture en diable, montées et garnies de leurs glaces; bois de charpente, de menuiserie et de charronnage, bois et fagots à brûler, lattes en bottes, foin, ustensiles de jardinage, petit bateau garni de ses rames et pelles, essieux de fer, roues et autres effets, etc. Ustensiles servant aux manufactures de tuilerie et poterie, et quantité de poteries de différentes espèces, tuiles, briques, etc. Plus, à la fin de ladite vente, l'on vendra la récolte sur pied des blés, seigle, avoine, orge, etc., aussi au plus offrant et dernier enchérisseur, à la charge, par les adjudicataires, de faire exploiter le tout à leurs frais.

Le tout sera vendu argent comptant.

(Extrait des Affiches d'Angers, du vendredi 14 juin 1776. Archives de la Société industrielle d'Angers.)

Nº 18.

Acte passé devant M. Denis-Louis Pasquier, conseiller du roi en sa cour de parlement de Paris, grand'chambre d'icelle, le 5 septembre 1781, scellé et intimé, par lequel M. Souchet, procureur au parlement de Paris, s'est rendu adjudicataire de la terre et marquisat de Turbilly, moyennant le prix de 276,500 livres, sur la saisie réelle qui en avait été faite sur feu M. François-Henri de Menon, chevalier marquis de Turbilly, déclaration de command faite le sept du même mois, au profit de M. Henri de Galwey.

(Extrait de l'inventaire fait après le décès de M. de Galwey, le 16 février 1827, étude de M. Lépingleux, ancien notaire à La Flèche.)

———

Depuis l'impression de ces documents, j'ai reçu, par les soins de M. Alexis Chevallier, correspondant à Paris de la Société industrielle d'Angers, les renseignements suivants, puisés aux archives de la guerre. Je m'empresse de les publier ici; s'ils ne nous apprennent rien de bien intéressant sur la carrière militaire de Turbilly, du moins ils donnent quelques dates sur les époques où il a conquis ses différents grades. Ces dates, au surplus, se rapportent fidèlement aux indications que j'ai données dans le cours de ma *Notice.*

Archives de la guerre.
Registre n° 1. — Cavalerie et dragons,
de 1731 à 1763.
Page 35. Royal-Roussillon.

21 février 1740, — Louis-François-Henri de Menon, marquis de Turbilly, en Anjou, né le 11 août 1717, lieutenant au régiment de Normandie, du 1ᵉʳ novembre 1733, fils de feu M. de Turbilly, maréchal de camp (1).

A la suite, on a ajouté :

Major du 1ᵉʳ février 1748.
Rang de lieutenant-colonel dudit.
Retiré en 1753.

Extrait des mêmes archives.

✴ Marquis de Turbilly (Louis-François de) major avec rang de lieutenant-colonel.

———

(1) Cette date du 1ᵉʳ février 1740 est celle de son entrée au Royal-Roussillon, avec le grade de capitaine.

Lieutenant dans Normandie du 1ᵉʳ décembre 1733, capitaine dans Royal-Roussillon, du 21 février 1740; major du 1ᵉʳ février 1748, rang de lieutenant-colonel du même jour.

Février et avril 1753. M. le duc de Lauraguais demande que cet officier soit attaché en qualité de lieutenant-colonel réformé, à la suite du régiment.

Il envoie un mémoire de M. de Hure, d'où il résulte que la santé de M. de Turbilly et les suites de quatre blessures considérables qu'il a reçues à la bataille de Lanfelts, ne lui permettent plus de continuer son emploi, ni de reprendre une compagnie; qu'il a fait onze campagnes de guerre et a toujours servi avec beaucoup de zèle: qu'il s'est particulièrement distingué à la bataille de Lanfelts où il commandait le deuxième escadron, et où il a reçu quatre coups de sabre: deux à la tête et deux au bras gauche, dont il ne peut s'aider que très peu.

On observe qu'il n'a jamais rien eu des pensions dont jouissait son père, mort maréchal de camp et inspecteur, et qui avait perdu un régiment; que son oncle a été tué au siége de Prague, et que sa famille a toujours été au service.

M. le marquis de L'Hôpital observe que c'est un bon officier, qu'il a de la bonne volonté et fait bien manœuvrer, mais qu'il n'a pas le détail de la finance.

Il résulte d'une autre note, que le marquis de Turbilly a obtenu sa retraite à l'ordinaire avec 800 livres de pension.

(Extrait du Bulletin de la Société Industrielle d'Angers et du département de Maine et Loire. — Nº 4. — 20ᵉ année 1849).

Angers. Imp. Cosnier et Lachèse.

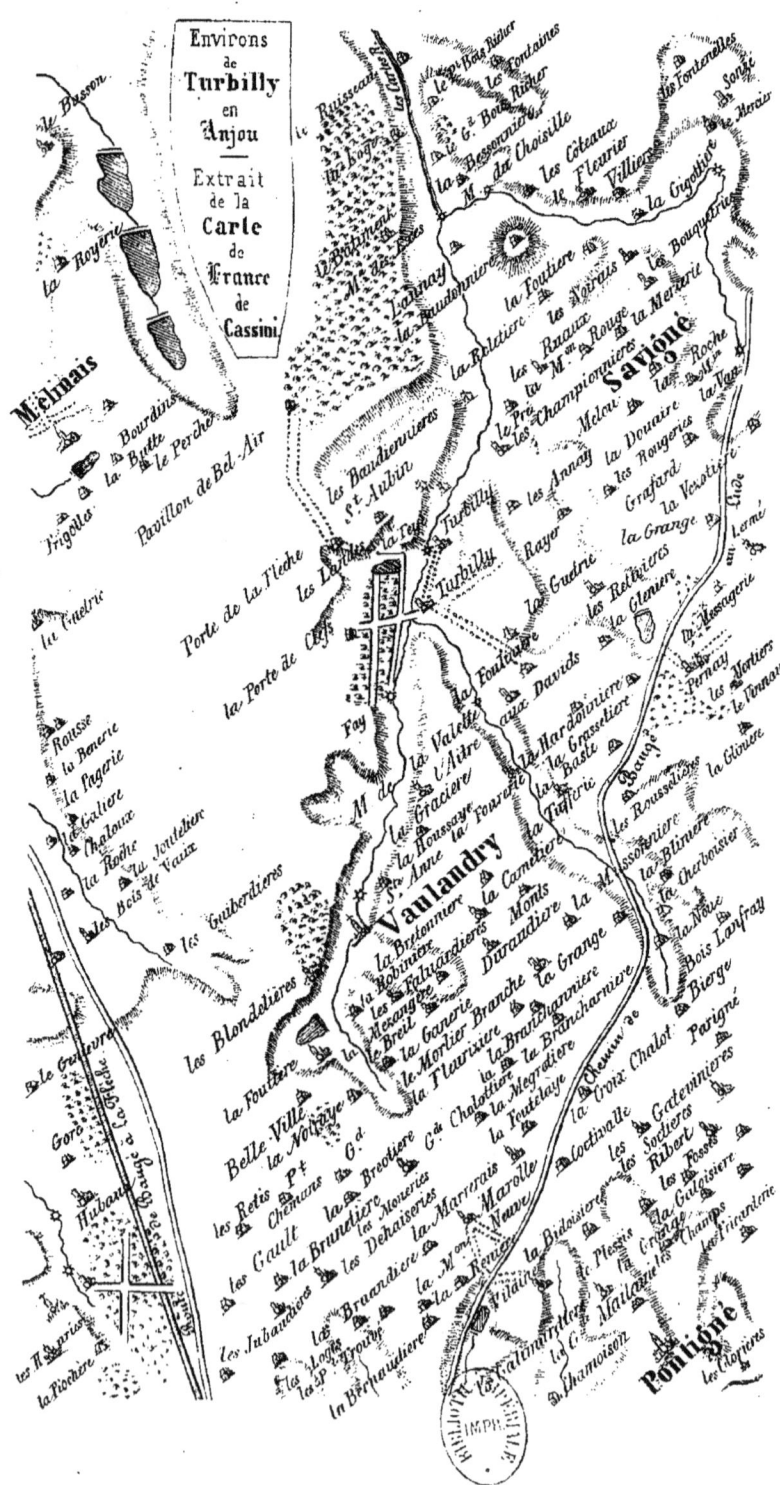

Fac Simile d'un extrait de lettre écrite par le Marquis de Turbilly, a M.' Verrier, Secrétaire de la Société d'Agriculture de Tours

Du 14 7.bre 1760 De Turbilly

J'ay receu, Monsieur, la lettre que vous m'avés fait l'honneur de m'écrire le 6 de ce mois, avec autant de plaisir que les precedentes; et sans vous faire de compliment, je suis en admiration, de tout ce que vous me marqués sur notre Societé; vous avés saisi l'esprit de la chose, et vous le possedés a un point, qu'il seroit a desirer que vous avangeassiés toutes les autres Societés d'agriculture des differentes generalités du royaume; vos reflexions sont aussi judicieuses qu'excellentes, je ne vous repondray point en detail a ce sujet, parceque je les communiqueray, a mon passage au mans, a notre bon ami Ch.er d'auperges, et vous donneray ensuite de mes nouvelles sur cela.

Turbilly
a Turbilly prés la fleche en anjou, ce 14 Septembre 1760.

www.ingramcontent.com/pod-product-compliance
Lightning Source LLC
Chambersburg PA
CBHW070309100426
42743CB00011B/2419